Dr. med. Fritz Wiedemann

Erfolg durch Psychologie

DR. MED. FRITZ WIEDEMANN

# Erfolg durch Psychologie

mit einem
Geleitwort von
Prof. Dr. Peter Mutke
Institut für Erfolgs-Psychologie
und Ganzheits-Medizin

VERLAG KARRASCH MÜNCHEN

Umschlaggestaltung: Sara Coya
Satz: Verlag Karrasch, München
Druck: Pressedruck Augsburg
1. Auflage 1990
ISBN 3-927739-00-6

## *Vorwort:*

Um das Geheimnis der menschlichen Psyche zu lüften, sind Milliarden investiert worden. Das Ergebnis all dieser umfangreichen Forschungen steht in keinem Verhältnis zu dem gigantischen Aufwand.
Einen ganz anderen, neuen Weg ging der durch seine Serum-Therapie weltbekannt gewordene Arzt, Psychiater und Psychotherapeut Dr. med. Fritz Wiedemann. Er untersuchte die Psyche naturwissenschaftlich nach Evidenz-Kriterien und fand eine bestimmte Anzahl von Trieben, nach denen der Mensch fühlt, reagiert und handelt.
Damit führt er die klassische Psychoanalyse der Freudianer ad absurdum.
Wer diese feste Anzahl von Triebkräften kennt, kann sein eigenes Verhalten exakt erklären und das seiner Mitmenschen verstehen.
Ein Buch für alle, die wissen wollen, wie man sich beliebt macht, Freunde findet, Anerkennung erhält und andere Menschen für sich gewinnt. Nur so ist Erfolg möglich.

Der Verlag

## *Über den Autor:*

"Erfolg durch Psychologie" hat Dr. med. Fritz Wiedemann dieses Buch genannt. Er spricht von der Elementar-Psychologie (EPS), nach der er selbst gelebt hat und durchweg in seinem Leben ungemein erfolgreich war.
Als Wissenschaftler erfand er das berühmte KH 3 und 14 weitere Sera zu Regeneration und Heilung vieler bis dahin unheilbar geltender Krankheiten. Als Arzt wandte er die Serum-Therapie bei vielen tausend Patienten so erfolgreich an, daß immer mehr Menschen in seine Praxis nach Ambach am Starnberger See kamen. So entstand sein erstes Kursanatorium. Heute gibt es die internationalen Wiedemann-Kur-Sanatorien, die jährlich weltweit Anziehungspunkt auch vieler prominenter Gäste sind.
Dr. Fritz Wiedemann war als Neurologe, Psychiater und Psychotherapeut tätig. Unter seiner Leitung wurde mit 20 Psychologen und Medizinern die in diesem Buch dargelegte Elementar-Psychologie entwickelt, überprüft und praktisch angewandt.
Neben all seinen Forschungsarbeiten fand er immer wieder die Zeit, seine bekannten Bücher zu schreiben. Auch hier blieb der Erfolg nicht aus. Mit mehr als 1,4 Millionen verkauften Exemplaren erreichte er Bestseller-Auflagen.
Als Mensch ist er Optimist geblieben, der immer den Mut hat, ausgetretene Pfade zu verlassen, um neue Wege zu gehen, Wege für eine bessere Zukunft. Das ist sein Erfolgsrezept. Das ist sein Leben.

## *Geleitwort und Einführung*

Die Psyche bewirkt und steuert alles, was Menschen denken, fühlen, begehren und tun. In der Psyche mit ihrem Bewußtsein erleben wir die Welt, werden wir unglücklich oder glücklich, leiden wir oder freuen uns. Die Psyche ist das Organ des Menschen, welches alles veranlaßt, was wir bewußt tun müssen und tun. Nur über die Psyche können wir unsere Mitmenschen oder Massen von Menschen beeinflussen das zu tun, was wir von ihnen getan haben wollen.

Was ist und wie funktioniert diese Psyche?

Diese für jeden interessante Frage beantwortet der Psychologe, Psychiater und Psychotherapeut Dr. med. Fritz Wiedemann in diesem Buch. Wiedemann meint, die Psychologen und psychologischen Wissenschaften unserer Zeit wissen es nicht genau und können es nicht exakt lehren. Er selbst erarbeitete eine Elementar-Psychologie, welche nach seiner Meinung die Psyche naturwissenschaftlich exakt und allgemeinverständlich beschreibt.
Der Psychiater Professor Lampert, der in der von ihm herausgegebenen medizinischen Zeitschrift *Erfahrungsheilkunde* Wiedemanns Elementar-Psychologie in vielen Fortsetzungen publiziert hatte, schrieb als sein Urteil darüber: "*Die Seele (Psyche) ist nicht weiter ein nebulöses Gebilde. Sie hat Organe, die exakt beschrieben werden.*"
Der Soziologe Professor Helmut Klages schrieb dazu: "*Diese Elementar-Psychologie bringt eine bessere Aufklärung*

*über die Psyche als das, was heute darüber gelehrt wird".* Wiedemann übergab jetzt dem *Institut für Erfolgs-Psychologie und Ganzheits-Medizin* sein *Lehrbuch derElementar-Psychologie* mit der kühnen Bitte, sie in die Psychologie und Lehrpläne der psychologischen Fakultäten einzuführen und sie zudem den Psychologen bekannt zu machen.

Wir, die damit Angesprochenen, lasen sein Lehrbuch einer neuen Psychologie. Wir fanden darin viel Neues, völlig neue Erkenntnisse. Neu war unter anderem, daß es eine feste Anzahl von Gefühlen (Emotionen) gibt, mit denen der Mensch mit seiner Psyche exakt auf ganz bestimmte Reize (Signale) reagiert und daß diese Gefühle Aufgaben haben, für die sie und die 36 Funktionseinheiten (Organe) der Psyche entstanden sind, uns von einem Gott gegeben wurden oder sich in der Evolution der Lebewesen entwickelt haben. Kennt man ihre spezifischen Signale, kann man diese Gefühle und mit ihnen ein bestimmtes Begehren, Wollen und auch Handeln auslösen. Die elementaren Triebkräfte und die Gefühle, mit denen sie reagieren, sind zugleich die elementaren Bedürfnisse der Menschen, die man kennen muß, wenn man sie zufrieden machen will.
Angenehm überrascht hat uns Leser die klare Sprache und die allgemeinverständliche Darstellung der Fakten und der Funktionsgesetze, was sonst in der Psychologie zumeist nur sehr kompliziert und umständlich geschrieben wird. Wir fanden, daß Wiedemanns neue Psychologie von den meisten Lesern, vor allem von Biologen, Ärzten und Psychiatern begrüßt wurde. Wir fanden aber auch, daß sie bei Fachpsychologen, Psychologieprofessoren, Sozialpädagogen und einigen Psychotherapeuten starke Wider-

sprüche hervorrief, ja sie sogar schockierte, weil sie ja ganz andere Lehrsätze und Weisheiten über die Psyche gelernt hatten und damit zu arbeiten gewohnt waren. Wiedemanns Lehrbuch einer ganz neuen Psychologie erregte manche sehr.

Aus diesen Gründen rieten wir dem Autor, seine Elementar-Psychologie neu darzustellen, - das erregende Neue natürlich zu bringen, jedoch auch zu zeigen, wie er zu seinen Aussagen kam, die Wahrheit seiner Behauptungen zu beweisen und die Leser bei jedem seiner Lehrsätze zum Mitdenken aufzurufen. Eine neue Wissenschaft muß gemeinsam erarbeitet werden. Wir sagten ihm auch, er solle sich auf Teilgebiete seiner Wissenschaft beschränken, diese mit Beispielen belegen und so die Leser davon überzeugen, daß seine Ausagen stimmen, daß die Psyche der Menschen wirklich so funktioniert und reagiert, wie er es in seinen Lehrsätzen aussagt. Auch erschien es uns wichtig, daß Wiedemann seine Lehrsätze vorerst nur als Hypothesen vorlegt und sie zur Diskussion stellt.

Wiedemann hat seine Elementar-Psychologie zu diesem vorliegenden Buch umgeschrieben. Der Leser erfährt viel Neues, das in den bisherigen Psychologien noch unbekannt war. Er erfährt, warum er sich ärgert, warum er Freude oder Leid erlebt. Er lernt die wahren Ursachen und Beweggründe kennen für Mord, Totschlag, Rachetaten, Rassenhaß, Ideologien, aber auch die Kräfte des Guten, der Liebe, der Hilfsbereitschaft. Er erfährt, wie sie aktiviert werden können.

Wiedemann sieht in diesen Kräften der Psyche Naturkräfte, weil sie Teile der Natur sind und für jedermann beobachtbar alles bewegen und gestalten, was Menschen tun und schaffen.

Wir glauben, daß Wiedemanns EPS den Psychologen, der Erfolgs-Psychologie, der Werbe-Psychologie, einer politischen Psychologie und der zukünftigen Psycho-Therapie viele nützliche Anregungen geben kann und nehmen Wiedemanns Auftrag an, seine EPS mit diesem Buch Psychologen und auch Dozenten der Psychologie an den Universitäten bekannt zu machen. Wir hoffen mit dem Autor, daß die Dozenten einiges von diesen neuen Erkenntnissen in Zukunft auch in ihren Vorlesungen den Psychologiestudenten vermitteln werden.
Wiedemann spricht in diesem Buch den Leser direkt an. Er will mit ihm diskutieren. Dadurch regt er ihn zum Mitdenken an. Psychologen und Mediziner fordert er auf, mit ihm eine neue psychologische Wissenschaft aufzubauen, eine Wissenschaft über das wichtigste Organ, das der Mensch besitzt, seine Psyche.

Der Inhalt dieses Buches ist wegen seiner ungemein spannenden und allgemeinverständlichen Darstellung des wahren Wesens und der Funktionsgesetze der Psyche ein Gewinn und Ratgeber für den Erfolg und das Glück eines jeden Menschen, der bereit ist, ein wenig über sich selbst nachzudenken. Ich kann es jedem als lehrreiche und hilfreiche Lektüre empfehlen.

gez. Peter H.C. Mutke
Dr. med. und USA-Professor der Psychologie
Institut für Erfolgspsychologie und Ganzheitsmedizin

# Inhaltsverzeichnis

## *1. Die Psyche macht alles*

Ich schreibe und spreche Sie, den Leser dieses Buches direkt an; denn ich rufe Sie zu etwas auf, zum Mitdenken, zum Mitdiskutieren, zum Mitarbeiten, zum Mitaufbauen einer notwendigen, sogar dringend notwendigen neuen Wissenschaft. Die derzeitig an den Universitäten gelehrte Psychologie bietet diese Wissenschaft noch nicht. Ich wende mich an jeden normal gebildeten und interessierten Leser, vor allem aber an Psychologen, Ärzte, zukünftige Psychotherapeuten, an Politiker sowie an Lebens- und Erfolgs-Berater. Ich schreibe einfach und allgemeinverständlich.

Was ist und wie funktioniert unsere Psyche? Was ist und wie funktioniert unser Geist? Wie kann man Psychen so beeinflussen, daß sie das wünschen, begehren, tun und so reagieren, wie man sie, z.B. für Werbezwecke, eine Politik, eine Psycho-Therapie reagieren lassen will. Was ist das körperliche, seelische, geistige und soziale Wohlbefinden der Menschen, das sich das Institut für Erfolgs-Psychologie und Ganzheits-Medizin sowie die Gesellschaft zur Förderung des ganzheitlichen Wohlbefindens zum Ziel gesetzt haben. Es gehört nach einer Definition der Weltgesundheitsorganisation (WHO) zur vollen Gesundheit. Wie kann dieses Wohlbefinden, das doch nur in der Psyche als ein Gefühl erlebt wird, gefördert werden?

Alles was Menschen denken, fühlen, begehren, wollen und tun, wird von ihrem Organ Psyche gesteuert und bewirkt. Alles, was wir erleben, alle Freuden, alle Leiden, alles, was wir aus unserer Umwelt wahrnehmen, erleben wir im Bewußtsein unserer Psyche.

Alles andere im Menschen, in seinem Körper, in diesem wunderbaren Organismus und Staat mit über zwei Billionen Bürgern, den Zellen, wird automatisch und gleichzeitig zielstrebig von einem vegetativen Nervensystem und von etwa 17 000 verschiedenen Neurotransmittern, Sendboten, die auf dem Blutweg zu den einzelnen Organen gelangen, gesteuert. Diese vegetative Steuerung ist Sache der Wissenschaften Physiologie und Medizin.

Das Organ Psyche, gleich ob man es als eine ätherische Masse sieht oder als ein materiell fundiertes Organ, das in unserem Gehirn stationiert ist, sollte eigentlich (so denkt man) Lehrgegenstand der Wissenschaft Psychologie sein. Die Psychologen jedoch halten die Psyche für irrational, was unerforschbar heißt.

Sie sagen, sie folge *anderen* Gesetzen, sagen aber nicht, was für andere Gesetze das sind, wie diese Gesetze aussehen, wie man sich nach ihnen richten kann. Andere Psychologen wiederum klammern die eigentliche Psyche sogar ganz aus. Sie lehren, was bis zum Eingang in die Psyche führt und was als Resultat als Verhalten wieder herauskommt. Was sich in der Psyche selbst und im Bewußtsein abspielt, das lehren sie nicht. Sie wollen naturwissenschaftlich exakt sein, lassen dabei, wie die strengen Schulmediziner, nur gelten, was meßbar ist. Sie messen in einer Emotionslehre z.B. bei Angst die Pulszahl, die Schweißabsonderung oder sehen sich das Elektroenzephalogramm an. Über die Emotionen selbst, wie diese unser Denken, Wollen und Tun steuern, wird kaum etwas ausgesagt.

Über das Bewußtsein gibt es nur höchst verwirrende Aussagen, Vermutungen und Definitionen. Lesen Sie bitte die Definitionen in einem Lexikon der Psychologie! Die Psychologen wissen anscheinend nicht, was das Bewußtsein ist. Dabei ist es doch das eigentliche Zentrum unseres Erlebens und bewußt gesteuerten Lebens. Oder vielleicht nicht?
Fragen Sie sich bitte selbst und fragen Sie andere, was das Bewußtsein ist und wie es funktioniert?

Um das Wesen, das alles bewirkt, was Menschen denken, fühlen, begehren, wollen, tun, zu ergründen, studierte ich Medizin, Psychologie, Philosophie, wurde Psychiater, war eine Zeitlang in der Hirnchirurgie und als Neurologe tätig. Ich beschäftigte mich mit den verschiedensten Arten der Psycho-Therapie, arbeitete selbst psychotherapeutisch, gründete und leitete in München ein Institut für angewandte Psychologie, das mit sechs Diplompsychologen 18000 psychologische Gutachten und Beratungen produzierte. 1972 gründete ich ein Institut für Elementar-Psychologie und optimales Verhalten, das acht Studien in Buchform publizierte. Ich trat für eine Ganzheits-Medizin ein, war Chefarzt und bin noch Berater der Internationalen Wiedemann-Sanatorien. Ich befaßte mich sogar eingehend mit der Esoterik, um nichts zu übersehen, was man über die Psyche, die viele auch Seele nennen, vielleicht noch wissen kann. Auch die verschiedensten Religionen habe ich studiert.
Nach dieser ganzen Vorarbeit lege ich mit diesem Buch den *Entwurf zu einer neuen Wissenschaft* vor und bitte Biologen, Mediziner, und vor allem Psychologen, an dieser neuen Wissenschaft mitzuarbeiten.

## *2. Die Psychologie muss eine Naturwissenschaft werden*

Wenn man die Psyche geisteswissenschaftlich erforscht, dann baut man auf Vermutungen auf, auf reinen Gedankengebäuden. So füllte man tausende Bücher mit Vermutungen über die Psyche. Können die Psychologen sagen, was die Psyche überhaupt ist, über die sie etwas lehren? Fragen Sie sich bitte jetzt gleich einmal selbst: Was ist die Psyche? Was ist das Bewußtsein? Darüber wird so unendlich viel geredet und gesprochen, daß man wissen müßte, worüber man spricht.
Im dreibändigen Lexikon der Psychologie (Eysenck, Herder-Verlag) steht unter dem Begriff Psyche nur sehr Vages, Unbestimmtes, Nebulöses: Bezeichnung der Seele im weiteren Sinne. Und: Begriff für die Gesamtheit der geistigen Vorgänge, die psychischen Funktionen und die Beweggründe des Verhaltens.
Im Großen Duden-Lexikon ist unter "Psyche" nur eine griechische Figur erwähnt, die diesen Namen trägt.
Was ist die Psyche? Ich sage es Ihnen auf meine einfache, schlichte Weise. Ich sage es in meinen Lehrsätzen, meinen Hypothesen, die im Druck besonders hervorgehoben sind.

- *Die Psyche ist das Organ des Menschen, das ihn etwas (die Umwelt) wahrnehmen, sich vorstellen, im Gedächtnis behalten, sich erinnern, ihn denken, fühlen, etwas begehren, wollen, wünschen und ihn handeln läßt.*

- *Die Psyche ist zuständig für alles, was der Mensch bewußt tun muß und tun kann.*

Können Sie anerkennen und zustimmen, daß es ein

solches Organ gibt? Womit können Sie dem widersprechen, es als falsch bezeichnen? Wissen Sie eine bessere Definition für den Begriff Psyche? Was ist es, was Sie denken und handeln läßt?

- *Die so definierte Psyche ist im Gehirn des Menschen stationiert.*

Obwohl manche Psychiater und Psychologen die Psyche auch Seele nennen, will ich beide Begriffe nicht gleichsetzen. Aus guten Gründen und um keine Verwirrung zu stiften, ist für mich die Psyche eine Sache des Wissens, die Seele eine Sache des Glaubens.
Beobachtungen der Esoteriker über eine Aura, Gedankenübertragungen, magnetische Kräfte sind für mich Randerscheinungen, noch zu erforschende Kräfte. Sie berühren die EPS nicht direkt und sind für etwa 99 Prozent unseres Denkens, Handelns und Planens zur Zeit noch von keiner großen Bedeutung.
*Die Psyche ist für die EPS nicht mehr ein nebulöses Gebilde. Sie ist ein Organ und hat Unterorgane, die exakt beschrieben werden können.*
Diese Unterorgane nenne ich elementare Triebkräfte. Sie sind Triebkräfte, weil sie alles antreiben und bewegen, was wir tun, was von Menschen getan wird. Ich nenne sie elementar und Elemente der Psyche, weil ich in ihnen nicht weiter teilbare Funktioneinheiten (FE) sehe.
Ich habe 36 solche elementaren Triebkräfte und Funktionseinheiten (FE) der Psyche gefunden. Das Wort Elementar-Psychologie wählte ich, weil sie elementare Kräfte und in sich geschlossene Funktionseinheiten und Unterorgane der Psyche sind.

- *Jede Funktionseinheit (FE) hat ihr eigenes Funktionsgesetz.*

Die elementaren Triebkräfte bewirken praktisch alles, was Menschen bewußt tun, damit alles, was auf der Erde von Menschenhand und dem Menschengeist getan wird und getan werden kann.
Eine dieser Triebkräfte ist unser Nahrungstrieb. Was macht er nicht alles, wieviel bewegt er jeden Tag. Für ihn arbeiten viele Berufe. Von ihm lebt die Landwirtschaft. Eine andere elementare Triebkraft ist unser Sexualtrieb, den Sigmund Freud als unseren Haupttrieb gesehen hat.

- *Jede elementare Triebkraft ist einer ganz bestimmten Aufgabe wegen vorhanden.*

Beim Nahrungstrieb und dem Sexualtrieb sind diese Aufgaben leicht zu erkennen. Für die anderen elementaren Triebkräfte blieben sie bisher noch weitgehend unbekannt. Die EPS habe ich auch deshalb *Elementar-Psychologie* genannt, weil sie eine einfache Grund-Lehre, gewissermaßen eine Elementar-Schule der Psyche, ihrer Grund-Funktionen und Reaktionen ist. Jede meiner Hypothesen kann allein ein Wissen, meist ein neues Wissen liefern. Ich bitte deshalb den Leser, vor allem den Psychologen und Psychiater, denen ich meine Hypothesen anbiete, bei jeder einzelnen darüber nachzudenken, ob das stimmt, was sie aussagt, ob sie zutreffender ist als bisherige Theorien darüber oder nicht und ob diese Aussagen irgendwie praktisch anwendbar sind.
Ich selbst prüfte sie mit 6 Diplom-Psychologen bei mehr als 18 000 elementarpsychologischen Analysen, Gutach-

ten und Beratungen im Institut für angewandte Psychologie, bei mehr als tausend Patienten sowie in Seminar-Diskussionen. Es folgen weitere Hypothesen, Behauptungen, Vermutungen, Beobachtungen, Denkan- stöße der EPS. Sie sind durch den Kursivdruck kenntlich gemacht.

- *Eine elementare Triebkraft der Psyche ist eine Naturkraft, die ebenso wie die Schwerkraft des Wassers oder die Kraft der Sonne nutzbringend ausgewertet werden kann.*

- *Die Psyche ist das Organ, das mit dem Phänomen Bewußtsein arbeitet.*

Was ist das so vieldiskutierte, so mißverstandene Phänomen Bewußtstein? Ich werde in einem späteren Kapitel eine exakte Antwort auf diese Frage geben. In psychologischen Lehrbüchern findet man sie nicht.
Ich will mit der Elementar- Psychologie (EPS) versuchen, aus der Psychologie eine Naturwissenschaft zu machen. Sie kann eine sehr lebendige Wissenschaft sein, die das beschreibt, was uns am meisten berührt und am wichtigsten ist, was wir in unserem Bewußtsein erleben und was unser Tun bewegt. Was ließ mich wagen, zu behaupten, daß dies exakt naturwissenschaftlich erforschbar ist?
Es ist die folgende Hypothese:

- *Auch was wir im Bewußtsein erleben, sind Realitäten, sind Bestandteile der Natur, sind Kräfte, die etwas bewegen. Alles das kann beobachtet werden.*

Nach Ansicht einiger Philosophen ist gerade das real, evident, wahrnehmbar, was ein Mensch in seinem Bewußtsein erlebt. Erlebt er z.B. Ärger, so ist dieser für ihn so gewiß und wahrnehmbar, wie das Ablesen einer Meßzahl im Labor.

Natürlich gibt es Hirngespinste, Phantasien, Träume, komplexe Vorstellungen, die nur flüchtige Erscheinungen sind und für eine exakte Wissenschaft keine große Bedeutung haben. Erlebt jedoch ein Mensch immer wieder das gleiche, erleben es viele Menschen, erleben sie es immer in gleichen Situationen, dann ist das ein reales Wesen, das es millionenmal gibt, nicht nur ein einmaliges Phantasiegebilde. Beobachtet man, daß es immer wieder auf die gleichen Ursachen hin erscheint, dann kann man daraus ein Funktionsgesetz erschließen, das ein Naturgesetz ist. Die Wiederholbarkeit ist für die Naturwissenschaften ein Kriterium für die Anerkennung eines Gesetzes.

Die Psyche folgt nach der Lehre der EPS nicht obskuren, nebulösen, anderen Gesetzen, sondern auf jeden Fall ganz exakten Naturgesetzen. Nur wenn man die Psyche so betrachtet, kann es eine exakte Psychologie geben.

Ich glaube, daß ich mit der Beschreibung der 36 Funktionseinheiten (FE) der Psyche sowohl so ziemlich alle im Bewußtsein regelmäßig und häufig beobachtbaren Wesen als auch die meisten Funktionsgesetze, die in unserer Psyche wirksam werden, dargestellt habe. Die Tatsache, daß diese alles Denken, Begehren, Wünschen, Tun, Verhalten, Planen der Menschen bewirken, steuern, beherrschen, mag kundtun, wie wichtig und interessant eine exakte, naturwissenschaftlich beweisbare Aufklärung über diese Wesen, Kräfte und Funktionsgesetze sein kann. Jeder Leser dieses Buches ist aufgerufen, die Wahrheit meiner Hypothesen zu überprüfen und sie bei sich selbst und bei seinen Mitmenschen zu beobachten. Des weiteren ist er aufgerufen, eventuell beobachtete und festgestellte Fehler zu korrigieren und mit mir zusammen aus meinem vorläufigen Entwurf eine echte Naturwissenschaft zu machen, damit man endlich einmal weiß, wie unser wichtigstes Organ, unsere Psyche funktioniert. Die zum Teil noch recht mittelalterliche, vorwiegend geisteswissenschaftliche Psychologie muß eine der neuen Zeit angepaßte Naturwissenschaft werden. Da ich dieses Buch vor allem für einen solchen Aufruf geschrieben habe, muß ich diesen immer wieder in den Text einfügen.

Die Psyche ist, so merkwürdig es auch aussehen mag, viel leichter und einfacher zu erforschen, weil in ihr nur etwa 70 Neurotransmitter tätig sind. Diese materiellen Substanzen erzeugen in unserem Bewußtsein die elementaren Emotionen und mit ihnen die Kräfte, die alles bewegen, was Menschen schaffen. Der Russe Speranski nannte sie Em-Hormone, Emotionshormone. Es wird noch lange dauern, bis unsere Physiologen ihre Formel gefunden haben. Bisher ist man erst einmal dem Depressionshormon auf der Spur und hofft bei Depressiven durch einen Antagonisten ihre quälende Depression ausschalten zu können.

Wenn ich die Psychologie zu einer Naturwissenschaft machen will, meine ich nicht solche Neurotransmitter-Forschungen, auch nicht, was man über die Psyche naturwissenschaftlich im materiellen, bisher allein naturwissenschaftlich anerkannten Bereich erforscht hat, sondern das, was wir in unserem Bewußtsein beobachten können und das Verhalten der Menschen, das in der Psyche vorbereitet und ausgelöst wird.

Wie einerseits umfangreich und andererseits unfruchtbar eine solche Forschung im nur materiellen Bereich war,

schrieb Sigmund Koch in *Psychologie heute* (Weinheim, 1977, Heft 8): "Fast ein Jahrhundert lang haben wir Psychologen stillschweigend angenommen, daß keine Erkenntnis ernst genommen werden kann, solange sie nicht den heiligen Regeln der Naturwissenschaften entsprungen ist.... Diese Strategie wurde inzwischen in Billionen Arbeitsstunden, in theoretischen Gebäuden, in tausenden von Laborarbeiten verwirklicht..." Der Erfolg war jedoch nur ein sehr weitreichender und schwerwiegender Stillstand. Diese Art der naturwissenschaftlichen Forschung ergab also nicht viel Positives. Geisteswissenschaftlich wurde noch viel mehr über die Psyche erarbeitet. Das Ergebnis: die Psychologen wissen noch immer nicht, was die Psyche ist und wie sie funktioniert.
Aus dieser Sackgasse der Forschung kann nur etwas führen: die psychischen Phänomene selbst naturwissenschaftlich erfassen und erforschen, indem man sie als Teile, Kräfte und Realitäten der Natur und die Funktionsgesetze der Psyche als Naturgesetze grundsätzlich anerkennt, um sie auf ihr wirkliches Vorhandensein und das wirkliche wahre Zutreffen einer exakt gesetzmäßig ablaufenden und wiederholbaren Funktion hin überprüfen zu können. Zu einer solchen Überprüfung biete ich meine Hypothesen und Lehrsätze an und denke, wenn nur einige davon richtig sind, habe ich der Psychologie schon ein paar neue Erkenntnisse verschafft.
Überprüfen Sie bitte meine folgenden Hypothesen, jetzt gleich und noch einmal am Schluß der Lektüre dieses Buches!

- *Die Psyche ist eine Realität, weil ihre Äußerungen und ihre Auswirkungen für jedermann erkennbar sind.*

- *Die Psyche ist für uns Menschen die wichtigste Realität, weil sie alles bewirkt, was Menschen denken, wollen, fühlen und tun.*

- *Die Äusserungen der Psyche laufen exakt gesetzmässig ab. Sie sind wiederholbar und berechenbar.*

### 3. Drei Worte machten eine Weltrevolution

Sigmund Freud hatte ein Funktionsgesetz gefunden. Der Amerikaner Dollard hat es in drei Worte gefaßt und einen Lehrsatz daraus gemacht: *Aggression durch Frustration.* Diese drei Worte machten auf vielen Gebieten eine Revolution. Die Politik, die Pädagogik, die Psycho-Therapie, die Kunst, unsere ganze Kultur wurden durch diese drei Worte, durch einen psychologischen Lehrsatz, durch das Aufdecken eines Funktionsgesetzes der Psyche entscheidend verändert. Es gab die antiautoritäre Revolution.
Es gibt jedoch mehr solcher Funktionsgesetze. Sie sind ebenso wichtig. Es sind viele, weil der Mensch nicht nur, wie es Freud lehrte, den Sexualtrieb und einen Aggressionstrieb besitzt, sondern noch mehr elementare Triebkräfte, die zugleich auch elementare (Grund-) Bedürfnisse der Menschheit sind. Freud hatte nur ein Bedürfnis aufgedeckt. Dieses Bedürfnis, ein elementares Begehren, wurde danach hochgespielt und zum wichtigsten Bedürfnis der Menschen erklärt. Seine Befriedigung sollte niemandem mehr verweigert werden dürfen. Es bestimmte die Moral und die Gebote unserer Zeit. Wem man die Befriedigung dieses Bedürfnisses verweigert, behindert, frustriert, der wird krank, böse, ja sogar ein Verbrecher. So wird es gelehrt. Dieses Bedürfnis war: nicht

frustriert zu werden. Für dieses Bedürfnis gab es eine Weltrevolution. Ein einziger publizierter Lehrsatz über ein Funktionsgesetz hatte das alles bewirkt.
Die EPS zeigt 36 mal 2 Funktionsgesetze der Psyche. Wird ihre Publikation ähnliches bewirken?
Jede elementare Triebkraft hat ihr eigenes Funktionsgesetz.
Seien Sie, der Leser, nun ein Professor der Psychologie, ein Psychiater, ein Arzt oder ein normal gebildeter Mensch, den das alles interessiert und der sich und seine Mitmenschen auf meine Hypothesen hin beobachten will, Sie können mitwirken. Beantworten Sie sich bei jeder meiner Hypothesen die Frage: Kann ich dieser Behauptung zustimmen? Ist es so? Oder ist es anders? Kann ich es besser formulieren? Was sagen psychologische Lehrbücher oder Lexika darüber aus?
Ihre Mitarbeit kann für Sie, Ihre Familie, ein Seminar, ein sozialpädagogisches Bemühen ein sehr interessantes Spiel sein. In den Wiedemann-Sanatorien werden Seminare durchgeführt, bei denen sich jeder über sein eigenes Innenleben aussprechen kann. Die Teilnehmer sind davon begeistert. Endlich einmal erfahren sie, warum sie z.B. mit Ärger, Haß, Zuneigung und anderen Emotionen reagieren. Sie hören voller Staunen, daß es fünf verschiedene Grundtriebkräfte und grundverschiedene Emotionen gibt, die bei der Liebe eine Rolle spielen. Bisher hatte man sie nur dem Sexualtrieb zugeschrieben.
Die EPS gibt für solche Spiele und Diskussionen viel Stoff. Dabei können die Seminarleiter oder Leiter einer therapeutischen Gruppe die Mitspieler, Studenten, Seminar-Teilnehmer oder Patienten befragen, ob sie glauben, ob sie selbst erfahren und beobachtet haben, daß der

Mensch tatsächlich so reagiert, wie es in einem der Lehrsätze der EPS ausgesagt wurde.
Nach Freud fragen die Psychoanalytiker fast nur und das viele Monate lang: Welche Frustration in Ihrer Kindheit haben Sie erlebt? Frustration muß die Ursache für Ihre Krankheit, Ihre aggressive Einstellung, Ihre Depression oder für Ihr sonstiges Fehlverhalten sein. Die psychoanalytisch arbeitenden Psychotherapeuten stellten vorwiegend diese Fragen, weil nur cin Funktionsgesetz ihr Denken beherrschte: Aggression entsteht durch Frustration. Die Elementar-Psychologie stellt 36 mal 2 solche Fuktionsgesetze zur Verfügung, die in Zukunft von Psychotherapeuten zur Analyse der Psyche und des Fehlverhaltens berücksichtigt werden können.

Allein schon bei der Fahndung nach Frustration und Behinderung der gewünschten Selbstentfaltung können 36 elementare Triebe, nicht nur der Sexualtrieb, daraufhin untersucht werden, ob sie frustriert wurden. Alle diese stehen auch für eine optimale Selbstentfaltung und für ein bewußtes Genießen der Freuden des Lebens zur Verfügung.

### *4. Die Psyche und der Gehirn-Computer.*

- *Die Psychen aller Menschen sind gleich, so gleich oder ungleich wie ihre anderen Organe, wie ihr Herz, ihre Leber, ihre Niere, ihr Gehirn, in dem die Psyche liegt.*

Ich kann diese viele erschreckende Aussage entschärfen, wenn ich einem späteren Text vorgreife und in der heute modernen Computer-Sprache sage:

- *Die in allen Menschen gleiche, auf gleiche Weise funktionierende Psyche ist die Hardware unseres Gehirn-Computers. Dazu kommt die bei jedem Menschen verschiedene individuelle Software, sein Geist, mit dem seine Hardware Psyche und das Gehirn im Laufe des Lebens gefüttert wurden. Beides zusammen erst ergibt die individuelle Psyche eines Menschen.*

Wenn ich das in Seminaren sage, dann gibt es bei den Empörten ein Aufatmen. Sie fühlen sich wieder frei, können sich wieder als Individuen fühlen. Hier wirkt der elementare Freiheitstrieb mit, der sich eingeengt fühlte. In den USA wurde ein Anatomie-Professor degradiert, weil er behauptet hatte, das Gewicht eines Negerhirnes sei im Durchschnitt um 20 Prozent geringer als das eines weißen Amerikaners. Er wurde degradiert, weil er durch seine Aussage die schwarze Rasse beleidigt und damit wieder Rassenhaß angeschürt hatte. Schädelfunde zeigten, daß schon vor mehr als einhunderttausend Jahren das Gehirn der Europäer die gleiche Form hatte wie das der Gegenwartmenschen. Nur bei einigen primitiven Urrassen war und ist noch die Größe und Form anders. Das heißt, daß den Menschen bereits vor einhunderttausend Jahren der gleiche Hirn-Computer zur Verfügung stand. Ethnologen fanden und Professor Irenäus Eibl-Eibesfeldt sagte es in seinem Buch *Der Mensch, das riskierte Wesen* (1988, Piper-Verlag), daß bestimmte Verhaltensmuster bei einer noch nie mit einer Zivilisation in Berührung gekommenen Urbevölkerung, z.B. bei der Buschmannrasse in Südwestafrika wie auch bei kleinen Kindern die gleichen sind wie bei den im heutigen Zeitgeist geschulten erwachsenen Europäern oder Nordamerikanern: Eibl-Ei-

besfeldt spricht von elementaren angeborenen Interaktionsstrategien, von genetisch vorprogrammierten Handlungsabläufen. Er schreibt: "Vorgegebene Programme legen fest, womit was assoziiert wird." "Die subjektiv erlebten Emotionen gehören zu den Universalien wie die meisten ihnen zugeordneten Ausdrucksbewegungen ".
Zu diesen jedem Menschen angeborenen vorprogrammierten Verhaltensprogrammen zähle ich vor allem die jedem Menschen angeborenen elementaren Triebkräfte, die von mir beschriebenen Funktionseinheiten der Psyche.
Unser Geist, die Software der Psyche, gibt uns genug Freiraum für ein individuelles Verhalten. Ob es sich gut oder böse, vorteilhaft oder schädlich auswirkt, ist Sache der zugeführten Software Geist.
Die Grundkonstruktion des Gehirns und der Hardware des Gehirn-Computers und der Psyche ist bei allen Menschen gleich. Alle besitzen die von der EPS dargestellten elementaren Funktionseinheiten. Wenn trotzdem einiges angeboren verschieden ist, so hängt das zu einem großen Teil von den Hormondrüsen ab. Sie regulieren die Lebhaftigkeit, die Reizbarkeit, machen den einen aggressiver, den anderen friedlicher usw. Doch das berührt unsere Grundhypothese von der Gleichheit der Hardware Psyche nicht.

## *5. Der mächtige Geltungstrieb*

Zum Beweis, daß es nicht nur den Sexualtrieb gibt, der unser ganzes Begehren, die Libido, beherrscht, wie es Sigmund Freud lehrte, sondern noch 35 weitere elementare Triebkräfte, die für unser Leben und Handeln ebenso wichtig sein können sowie zum Beweis, daß alle Menschen diese besitzen und daß alle unsere Triebe und Gefühle nach einem Naturgesetz exakt reagieren, will ich in diesem Kapitel schon einmal eine der 36 elementaren Triebkräfte und zielstrebigen Mechanismen, die uns durch das Leben steuern, zeigen. Dabei wird auch sichtbar:

- *Alle Kraft, die unser Handeln bewirkt, kommt aus unseren elementaren Gefühlen.*

Eine der 36 elementaren Triebkräfte der menschlichen Psyche ist unser Geltungstrieb.
Menschenwürde und Selbstbestätigung sind wertvolle Güter der Menschen. Sie werden heute politisch gefordert, von demokratischen Regierungen kategorisch auch als Menschenrechte verlangt. Sogar Verbrechern darf man die Menschenwürde nicht nehmen, ebensowenig wie Nahrung und Wasser. Die Menschenwürde wurde zu einem Grundbedürfnis der Menschheit erklärt. Wer in China sein "Gesicht verliert", ist ein armer Hund geworden. Wer in europäischen Offizierskreisen im vorigen Jahrhundert seine Ehre verlor, mußte sich erschießen.
Ohne Ehre konnte er nicht weiterleben. Wer die Ehre angriff, mußte zu einem Duell gefordert werden. In den USA ist es noch üblich, sich bei Angriffen auf die Ehre zu prügeln.
In Manager-Seminaren und bei Lehrgängen über eine gute Personal-Politik wird sehr viel darüber gesprochen, daß man den Stolz seiner Mitarbeiter und Angestellten, den man auch Selbstwertgefühl oder eben Menschwürde nennt, nicht verletzen darf. Man lehrt, wie man Fehler und ein fehlerhaftes Verhalten in einem Betrieb kritisie-

ren und korrigieren kann, ohne zu tadeln. Man zeigt, daß sich ein Vorgesetzter beliebt macht und mehr Leistung erzeugt, wenn er einen Arbeitnehmer mit Lob stolz macht und nicht mit Kritik kränkt. Bei der Verkäufer-Schulung wird gelehrt, daß man einem Kunden zuerst einmal ein Kompliment machen soll, um sein Wohlwollen zu gewinnen.

Bei dem weltweiten Kampf gegen die verschiedenen Formen der Apartheid in den USA und Südafrika, gegen den sogenannten Rassenhaß, übersehen die Politiker das Wichtigste: Es ist vor allem der dauernd verletzte Stolz, der zu Aggression, Feindschaft, Unruhe, Unzufriedenheit führt. Ein elementares, jedem Menschen innewohnendes Streben nach gleichberechtigter Geltung und Wertschätzung wird frustriert.

Aus all' dem kann man folgern:

- *Eine hohe Wertschätzung ist allen Menschen ein ihnen angeborenes elementares Bedürfnis.*

- *Um dieses elementare Bedürfnis zu befriedigen, besitzt der Mensch in seiner Psyche eine eigene elementare Triebkraft, den Geltungstrieb.*

- *Hohe Werteinschätzung erzeugt in den Menschen ein für ihr Wohlbefinden notwendiges lustvolles Gefühl.*

- *Schlechte, niedere Werteinschätzung durch die Mitmenschen erzeugt Scham und ein Gefühl der Minderwertigkeit, eine quälende Unlust.*

Auch bei der Psychosomatik, der Einwirkung der Psyche

auf die Entstehung von Krankheiten, spielt der Geltungstrieb eine große Rolle. Das wird in der psychoanalytischen Psycho-Therapie viel zu wenig berücksichtigt. Der verletzte Geltungstrieb ist wesentlich häufiger die Ursache einer psychosomatischen Krankheit oder einer Störung als Frustration durch eine Autorität in der Kindheit. Meist jedoch wird nur sie in den vielen, teuren, oft Jahre dauernden Behandlungen der Psychoanalytiker gesucht. Nicht ohne Sinn spricht man bei einer Beleidigung von einer Kränkung. Sie macht krank. Stets nörgelnde, tadelnde, den Wert des anderen herabsetzende Menschen machen ihren Ehepartnern oder in einem Betrieb ihre Angestellten und Mitarbeiter krank. Mit dem Nörgeln vergiften sie die psychische Umwelt.
Es gibt viele Bücher über die Probleme des Geltungstriebes. Die Debatten darüber sind endlos. Die EPS kann das ganze Problem des Geltungstriebes in einigen wenigen und kurzen Lehrsätzen (Hypothesen) klären und dabei jedermann die einfachste und wirksamste Therapie zeigen. Die EPS sagt:

- *Der Geltungstrieb des Menschen ist eine seiner elementaren, d.h. selbstständigen, jedem Menschen angeborenen Funktionseinheiten (Elemente, Organe) der Psyche.*

- *Der Geltungstrieb arbeitet mit zwei elementaren Gefühlen (Emotionen), einem Lustgefühl des Stolzes und einem Unlustgefühl der Scham. Diese beiden elementaren Gefühle werden von ganz bestimmten, für den Geltungstrieb spezifischen Schlüssel-Signalen ausgelöst.*

- *Signale für das elementare Lustgefühl des Stolzes sind*

*Wahrnehmungen und Vorstellungen, die einen hohen Wert oder eine Erhöhung des Wertes, d.h. der Werteinschätzung eines Menschen durch seine Mitmenschen zeigen.*

- *Signale (Auslöser), die das elementare Unlustgefühl des Geltungstriebes bewirken, sind Wahrnehmungen und Vorstellungen, die einen geringen Wert, eine schlechte Werteinschätzung oder eine Herabsetzung des Wertes eines Menschen in der Meinung der Mitmenschen zeigen.*

- *Zu den Signalen (Auslösern), die das wohltuende Gefühl (die Freude) des Stolzes erleben lassen, gehören Lob, Anerkennung, Auszeichnung, Achtung, Verehrung, Ehre, Prestige. Zu den Schlüssel-Signalen, die ein quälendes Schamgefühl auslösen, gehören Worte und Zeichen, die Geringschätzung, Beschimpfung, Entehrung, Blamage, Tadel, Degradierung bedeuten.*

- *Die beschriebene Reaktion des Geltungstriebes ist bei allen Menschen und Völkern, auch schon bei kleinen Kindern vorhanden und gleich.*

- *Der Geltungstrieb ist ein elementares, jedem Menschen angeborenes Bedürfnis. Jede elementare Triebkraft erzeugt ein elementares Bedürfnis der Menschheit.*

- *Der Ablauf der Reaktionen des Geltungstriebes folgt ebenso wie die aller anderen elementaren Funktionseinheiten einem exakten Naturgesetz.*

Daß diese Gefühlsreaktionen des Geltungstriebes und

dazugehörige Verhaltensmuster bei verschiedenen Völkern, auch bei primitiven Stämmen die gleichen und also den Menschen schon angeboren sind, das haben Biologen, Ethnologen und Verhaltensforscher auf ihren Reisen immer wieder bestätigt gefunden. Weil bei allen elementaren FE der Psyche auch mitwirkt, was sich durch Assoziationen im Gedächtnis mit den spezifischen Schlüssel-Signalen im Laufe des Lebens verbunden eingeprägt hat, kann der Geltungstrieb bei verschiedenen Menschen und in verschiedenen Zeiten in gewissen Grenzen verschieden erscheinen.
Nur durch diese im Gedächtnis eingeprägten Assoziationen gestalten die Erziehung, die Nachahmung, der Zeitgeist, sogar die Mode sowie die Ansichten in bestimmten Kreisen die Wertung, und erhält der Wert eines Menschen seine Valuta.
Interessant ist ein Wechselspiel zwischen dem Geltungstrieb und der FE der Psyche, die Zuneigung und Abneigung erzeugt.

- *Wer andere stolz macht, also ihren Geltungstrieb Lust erzeugend kitzelt, macht sich beliebt. Wer andere in ihrem Wert herabsetzt, macht sich unbeliebt.*

Natürlich hat der Geltungstrieb mit seiner Lust und Unlust auch eine Aufgabe. Sonst wäre er kaum entstanden.
Meine Hypothese dazu ist:

- *Die Aufgabe des Geltungstriebes ist: jeder soll danach streben, seinen Wert zu erhöhen und für seine Mitmenschen wertvoll zu sein. Zu diesem Zweck muß er ständig beobachten, wie seine Mitmenschen seinen Wert einschätzen. Er muß leiden und Unlust erleben, wenn er schlecht eingeschätzt wird. Und er darf Lust und Freude erleben, wenn sein Wert hoch eingeschätzt wird.*

Eltern, Pädagogen und Politiker können versuchen, diesen elementaren, guten Trieb durch vernünftige Wertungen so positiv zu gestalten, daß sich der mächtige Geltungstrieb positiv und ganz im Sinne des Schöpfers dieser Naturkraft auswirken kann.
Mit einem Gleichmachen des Menschenwertes, auch der Menschenwürde bei positiven Menschen und Verbrechern setzt man den nützlichen Geltungstrieb außer Kraft. Das ist ebenso schädlich, wie gleicher Lohn für Gutes Leistende und für weniger Leistende und Faule.

Die Natur war meist klüger, als es heute der Mensch mit seinem Verstand und seinen Ideologien ist. Deshalb empfehle ich, viel von der Natur zu lernen.

### *6. Das Wunder der Zielstrebigkeit*

- *Das Wunder des Lebens ist seine Zielstrebigkeit.*

- *Die Zielstrebigkeit ist allen Lebewesen, auch jeder Zelle und jedem Organ gegeben.*

- *Die Zielstrebigkeit unterscheidet das Lebende vom Toten, die organische von der anorganischen Natur.*

- *Die Zielstrebigkeit liegt in der Struktur der Lebewesen, ihrer Zellen und Organe.*

• *Auch das Organ Psyche ist ein zielstrebiges Wesen.*

Ich nenne diese Zielstrebigkeit ein Wunder, weil wir noch nicht genau wissen und begreifen können, wer diese Zielstrebigkeit den Lebewesen gegeben hat. Die gängige naturwissenschaftliche Meinung ist: die Auslese (Evolution), bei der die Tüchtigsten und Stärksten am besten überleben, sich fortpflanzen und vermehren konnten. Bei der Betrachtung mancher Lebewesen fällt es uns schwer zu glauben, daß das alles nur durch Zufall und Notwendigkeit, durch Mutationen und Auslese, durch Bewährung und Sichdurchsetzen der Tüchtigsten, Kräftigsten und Fortpflanzungsfähigsten entstanden sein kann. Wir glauben deshalb auch an einen Gott oder Schöpfer des Wunderbaren und dieser wunderbaren, so vielfältigen Zielstrebigkeit. Für die Elementar-Psychologie ist die Beantwortung dieser Frage nach der Entstehung der Zielstrebigkeit nicht wichtig. Sie kann sagen: die Natur hat es so eingerichtet. Die Natur hat diese wunderbare Zielstrebigkeit geschaffen. Sie ist die eigentliche Lebenskraft. Sie ist auch die Kraft in unserer Psyche, die Kraft, die alles schafft, was Menschen wünschen, wollen und tun.
Diese Kraft der Zielstrebigkeit ist nun nicht eine irgendwie und irgendwo herumschwebende Seele, wie man noch vor vier Jahrzehnten dachte. Sie liegt in einem Riesenmolekül, einer *Urschrift des Lebens*, die beim Menschen etwa zwei Milliarden, bei einer Bakterie rund eine Million Schriftzeichen (Buchstaben) in einer Molekularsprache enthält. Diese Schrift ist eine Informations- und Befehls-Zentrale für alle Zellen und Organe, für das ganze Lebensprogramm. Diese Schrift enthält alle Baupläne für

den Aufbau unseres Körpers. Sie ist im Ei und Samen der Tiere und Menschen enthalten. Jeder Zelle wird eine Kopie mitgegeben, damit sie weiß, was sie tun soll. Sie baut den ganzen wunderbaren Organismus der Lebewesen und auch des Zwei-Billionen-Zellen-Staates Mensch auf.
Diese Urschrift des Lebens mit zwei Milliarden Zeichen ist in Chromosomen und Gene unterteilt. Diese enthalten auch den Bauplan für das Gehirn und für das Einrichten der Zielstrebigkeiten in die Hardware der Psyche.
Das Organ Psyche enthält in ihrer Struktur etwa 36 Funktionseinheiten, 36 zielstrebige Mechanismen.

Daß ich es wagte, die Psyche als einen Mechanismus und dann gewissermaßen als eine Maschine zu beschreiben, hat bei manchen, die in der Psyche eine überirdische Seele oder einen Geist sehen wollen, Anstoß erregt. Ich glaube jedoch, daß ich jetzt mit der Darstellung der Zielstrebigkeit als Wunder diesen Widerstand einigermaßen entkräften konnte. Man findet die Wahrheit nicht, wenn man von vornherein etwas glauben will und es damit schon mit einem Vorurteil festlegt, sondern indem man erforscht, was wirklich ist.
Ich leugne damit keineswegs das Vorhandensein einer immateriellen, überirdischen Seele. Ich glaube auch, daß es eine Aura, von Menschen ausstrahlende, magnetische Kräfte und ähnliches gibt, was die Esoterik beschreibt. Doch das hat nichts mit unserer Psyche zu tun, die uns sinnvoll das tun läßt, was wir im Leben bewußt tun müssen und was wir nach dem Willen und Befehl der Natur und der einzelnen elementaren zielstrebigen Unterorgane, der Triebkräfte und Funktionseinheiten der Psyche tun sollen.

## *7. Der große Trick der Natur*

- *Der große Trick, mit dem die Natur alles Lebende schafft und das Leben selbst lenkt, ist: alles Leben und Streben über zielstrebige Mechanismen abzuwickeln und zu bewirken.*

- *Spezifische Reize treffen auf bestimmte Rezeptoren der zielstrebigen Mechanismen. Ihr Auftreffen löst zielstrebige Reaktionen aus.*

Damit geht und bewegt sich alles, in Pflanzen und Tieren, in den Zellen und Organen, und auch in der Psyche. Es gibt keine Ausnahme. Mit diesem einfachen Trick schafft die Natur alles.
Dann ist noch eine weitere Grundkenntnis wichtig:

- *Alles in der lebenden Natur existiert einer Aufgabe wegen. Das gilt auch und vor allem für die elementaren Triebkräfte der Psyche.*

Diese Erkenntnis ließ mich die ganze EPS, die elementaren Triebkräfte, die Funktionsgesetze und die elementaren Gefühle finden. Ich entdeckte alles durch meine ständige Frage: Wozu? Wozu existiert es? Für welche Aufgabe ist es da und funktioniert es?
Es ist erstaunlich, daß man diese Weisheit bisher noch kaum gefunden hat und deshalb viel Psychisches nur als eine Art Zufallsprodukt betrachtet oder Zweck und Aufgabe der Gefühle sogar leugnet.
Ebenso wie der Nahrungstrieb, der Sexualtrieb und der Geltungstrieb haben auch die anderen elementaren

Triebkräfte, Funktionseinheiten und Organe der Psyche eine Aufgabe. Es ist wichtig und nützlich, sie zu finden, klar zu erkennen und zu beschreiben.

### *8. Reizen Sie die Rezeptoren!*

Will man in Lebewesen gewünschte Reaktionen erzielen, bei seinen Mitmenschen etwas erreichen, Psychen für bestimmte Aufgaben und Zwecke psychotechnisch manipulieren, so muß man nur die entsprechenden Rezeptoren mit ihren spezifischen Schlüssel-Signalen reizen. Die Reaktion resultiert und der Erfolg ist da. Das ist die Grundregel für eine biologische Therapie und für eine Erfolgs-Psychologie.

Auf eine Ursache folgt eine Wirkung.

Auf den Reiz folgt die entsprechende Reaktion.

Ein Schlüssel-Signal, das auf seinen Rezeptor trifft, bewirkt eine entsprechende spezifische Emotion und ein dazugehöriges Wollen, Tun und Verhalten.

Gibt man einem Samen die Umwelt-Signale Wasser und Wärme, so beginnt er zu sprießen. Gibt man einer Psyche das Signal Frustation, so fühlt sie Wut und wird aggressiv. Das funktioniert alles ganz einfach, mechanisch und wunderbar zielstrebig zugleich.

Wer mit dieser allein wirksamen und erfolgreichen Methode etwas erreichen will, muß natürlich wissen, welche zielstrebigen Mechanismen es gibt und auf welche Signale genau ihre Rezeptoren reagieren. Dann kann er die benötigten Kräfte damit optimal aktivieren.

Psychologen, Psychotherapeuten, Werbeberater, Politiker, genau genommen alle Menschen, müssen und wollen die Psyche ihrer Mitmenschen irgendwie manipulieren,

damit diese das tun, was die Manipulierer von ihnen getan, begehrt, gefühlt haben wollen. Die EPS will und kann ihnen zeigen, welche elementaren Kräfte sie ansprechen können.
Schlüssel-Signale für ein von der Natur gewünschtes Handeln können auch in der Luft herumschwebende Moleküle sein, ein paar in die Luft geblasene Worte in der Molekular-Sprache. Sendet sie z.B. ein Schmetterlingsweibchen aus und treffen sie den Sexualrezeptor eines Schmetterlingsmännchens, so wird dieses sogleich wild und begehrt, dieses Weibchen zu suchen, das diese Worte als eine Botschaft in einem Duftstoff in die Luft geblasen hat, um ein Männchen zu finden.
Das gleiche geschieht, wenn eine Frau entsprechende Schlüssel-Signal-Worte in einer Zeitungsanzeige in hunderttausend Briefkästen schmuggelt. Oder ähnliches, wenn Schlüssel-Signal-Worte einer Werbeanzeige elementare andere Bedürfnisse der Menschen über die Rezeptoren elementarer Triebkräfte der Psyche wecken. Der Unterschied ist nur, daß der Mensch viel mehr Verschiedenes begehrt und zuerst einen Vorgang des Abwägens, eine Motivationsfunktion einschaltet, bevor er sich für eine Tat entscheidet.
Die Technik hat diesen Trick der Natur mit den zielstrebigen Mechanismen nachgemacht. Geht z.B. ein Einbrecher durch einen bestimmten Rezeptor-Raum, dann ertönt sofort eine Sirene. Gleichzeitig klingelt ein Telefon bei der Polizei.
Die erschreckend laute Sirene ist auch noch ein Schlüssel-Signal "Gefahr"für die Emotion "Angst" bei den Einbrechern. Sie lassen alles stehen und fliehen. Der von Menschen erdachte zielstrebige Mechanismus der Alarm-

anlage bringt den gewünschten Erfolg.
Ein weiteres Beispiel: die stärkste Emotion des von Sigmund Freud als Urkraft allen Begehrens gepriesenen Sexualtriebes ist der Orgasmus. Bei der Frau wird dieser durch Reize an den spezifischen Rezeptoren der Klitoris und in der Vagina ausgelöst.
Die Auslöser nennt man in der Biologie und bei der Tierverhaltensforschung Schlüssel-Signale, weil sie genau wie ein Schlüssel nur in das Schloß eines Rezeptors passen, um dort eine zielstrebige Reaktion zu bewirken.

Würde die Psyche nicht nach solchen exakten Funktionsgesetzen funktionieren und reagieren, sondern individuell, nach nebulösen "anderen" Gesetzen, gäbe es nur ein Chaos, keine Ordnung, keine angewandte Psychologie, kein exaktes Wissen. Alles in der Psychologie wäre dann auf geisteswissenschaftlichen oder religiös ausgerichteten Vermutungen aufgebaut, wie das meiste ja noch in den verschiedenen psychologischen Lehren ist. Wir brauchen für die Zukunft jedoch keine neue Glaubenslehren, sondern möglichst exaktes Wissen.

## *9. Bewunderung, Achtung, Verachtung*

Die Natur hat der Psyche auch ein Organ gegeben, das mit dem Geltungstrieb sinnvoll zusammenspielen soll, eine Triebkraft, die das Bewerten selbst veranlassen soll. Diese Triebkraft in uns Menschen will das Hochwertige bewundern und das Minderwertige verachten. Meine Hypothesen, die ich dem Leser zur Begutachtung und Beurteilung, ob sie mit der Wirklichkeit und seinen Lebenserfahrungen übereinstimmen, vorlege, heißen:

- *Der Mensch besitzt in seiner Psyche ein Organ, das ihn ein lustvolles Gefühl der Bewunderung und Achtung sowie ein unlustvolles Gefühl der Verachtung erleben läßt.*

Achtung und Verachtung werden elementar gefühlt, ebenso wie Liebe und Haß oder wie Schönheit und Häßlichkeit. Diese Gefühle rühren uns primär lustvoll oder unlustvoll an.

- *Schlüssel-Signale für das Gefühl der Achtung (Bewunderung) sind Wahrnehmungen und Vorstellungen, die uns Hochwertigkeit, Vollkommenheit, Größe, Erhabenheit oder eine besondere Leistung anzeigen. Das Gefühl der Achtung richtete sich auf das hochwertige Objekt.*

- *Schlüssel-Signale für das Gefühl der Verachtung (Geringschäztung) sind Wahrnehmungen und Vorstellungn, die uns an einem Objekt eine Minderwertigkeit, Unvollkommenheit, Niedrigkeit anzeigen. Das Gefühl der Verachtung richtet sich auf das minderwertige Objekt.*

Diese Signale wirken auch, wenn sie von anderen Objekten als von Menschen ausgehen, wie z.B. von gigantisch erscheinenden Bergen, großartigen, imponierenden Kunstwerken und Bauten.
Der Geltungstrieb und dieser Bewunderungstrieb können in einer sinnvollen Zusammenarbeit sehr viel Gutes leisten und bewirken. Während heute die meisten Arbeitsleistungen von der Habgier des elementaren Besitztriebes und dem Signal Geld veranlaßt werden, sehen wir beim Sport und in der Kunst, daß es vorwiegend die in diesem Kapitel besprochenen elementaren Triebkräfte sind, die

zu Leistungen treiben, meist zu besonderen, überragenden, eben bewundernswerten Leistungen. Daß dabei noch der Wettkampftrieb mitwirken kann, wird in einem späteren Kapitel besprochen. Die Werte, Signale, Symbole, vor allem das Lustgefühl des Geltungstriebes können für viele Menschen einen höheren Wert besitzen und damit im Hinblick auf Leistungen verlockender sein als Geld. Wer besondere Leistungen bei seinen Mitmenschen erzielen will, setzt als Leistungsberater am besten alle diese Kräfte ein.

Ich meine, daß es eine echte Emotion der Bewunderung gibt. Wir fühlen sie doch. Es wird uns sogar manchmal warm in unserer Brust. Wir sind freudig erregt, wenn wir Großartiges, Gigantisches, Bewunderungswertes sehen. Merkwürdigerweise hat trotzdem dieses Gefühl noch keinen Namen erhalten.

Auch das Unlustgefühl des Geltungstriebes hat noch keinen eindeutigen Namen. Man kann es Schamgefühl, Blamagegefühl oder Minderwertigkeitsgefühl nennen je nach bestimmten Begleitsituationen.

Das Lustgefühl des Geltungstriebes nennt man wohl am besten ein Gefühl des Stolzes. Das Wort Stolz wird allerdings auch für ein arrogantes Verhalten gebraucht. Das heute oft genannte Selbstwertgefühl erleben wir, wenn wir unseren eigenen Wert selbst hoch einschätzen. An einem Minderwertigkeitskomplex leidet, wer daran zweifelt, ja oft verzweifelt und nicht glaubt, daß er jemals von seinen Mitmenschen hoch eingeschätzt werden wird. Er kann sogar krank davon werden und durch eine Erhöhung und Festigung seines Selbstwertgefühles geheilt werden. Eine Selbstbestätigung ist, wenn man sich selbst seinen Wert bestätigt.

## *10. Die Aufgabe der Schmerzen*

Mit Zuckerbrot und Peitsche kann man alles erreichen,
bei Pferden und bei Menschen,
mit Belohnung und Strafe,
mit einer Verlockung und der Androhung einer Pein,
mit der Aussicht auf einen Himmel und die Furcht vor einer Hölle.

So haben wir schon immer versucht bei unseren Mitmenschen zu erreichen, was wir von ihnen getan haben wollten. Wir haben es dabei jedoch nur der Natur nachgemacht und dem Schöpfer seinen Trick abgeschaut, mit dem er über die elementaren Triebkräfte der Psyche das erreicht, was er von diesen getan haben will.

Die stärkste Unlust ist der Schmerz. Er ist die Unlust einer elementaren Triebkraft, die für unser Leben und Überleben eine sehr wichtige Aufgabe hat.

- *Der Schmerz und unsere Angst vor diesem sollen uns davor schützen und bewahren unseren Körper zu verletzen oder verletzen zu lassen.*

Der Schmerz ist uns so unangenehm, daß wir gerne tun, was die Natur mit ihm erreichen will. Wir bewegen uns nicht mit einem gebrochenen Bein. Wir halten unsere Hand nicht über ein Feuer und schlagen uns nicht immer wieder mit einem Hammer auf den Finger.

Die Rezeptoren kennen wir. Der äußere Reiz dringt über Schmerzleitungsbahnen (Nerven) elektrisch zu bestimmten Ganglienzellen. Noch nicht gleich zum Schmerzempfindungs-Zentrum. In den Ganglien wird erst ein Polypeptid frei, ein Neurotransmitter, ein Schmerz-Emotions-Hormon. Erst wenn dieses auf einen Rezeptor der Psyche trifft, fühlen wir in unserem Bewußtsein den Schmerz.

Diese Triebkraft nützten schlaue Menschen für ihre Zwecke aus. Sie peitschten Sträflinge und Sklaven, um zu strafen, andere zu warnen, besondere Leistungen zu erzielen, ein Kriegsschiff mit Galeerensklaven anzutreiben. Sie erzogen Kinder mit Ohrfeigen, einem Tatzenstock und Prügeln. Sie folterten, um Geständnisse zu erzwingen, in Südamerika, um das Gold der Inkas zu finden.

Gott sei Dank sind wir in einer humaneren Zeit mehr zur Verlockung mit Lustgefühlen übergegangen, um Leistungen zu erreichen. Das Beispiel Schmerz konnte jedoch das Grundprinzip der elementaren Triebkräfte und die Möglichkeit zur praktischen Nutzung solcher Kräfte zeigen. So konnte doch die Triebkraft eines Gefühles ein großes Schiff durch den Ozean treiben, sich also deutlich in eine materielle Kraft verwandeln. In jedem Menschen wirken 36 Triebkräfte. Nur einige werden sinnvoll und optimal eingesetzt, weil die Psychologen weder die Existenz noch den Mechanismus noch die Aufgaben der meisten elementaren Triebkräfte und ihrer Emotionen klar erkannt haben. Es ist höchste Zeit, daß sie diese vielen, weitgehend ungenutzten Kräfte kennenlernen, damit sie im täglichen Leben, in der Wirtschaft, in der Politik nützlich eingesetzt werden können. Und damit ungut und krankhaft reagierende Triebkräfte zum Guten und Gesunden korrigiert werden können.

Der große Trick des Schöpfers war, alles was wir tun sollen, zu einer Freude und so angenehm wie möglich zu machen, alles, was wir meiden und nicht tun sollen, zu einem Schmerz, einer Qual, so unangenehm wie möglich zu machen. Quälende Unlustgefühle sollen uns auch dazu treiben, etwas Notwendiges zu tun; der Hunger zum Essen, wenn der Magen leer ist, der Durst zum Trinken, wenn wir mehr Flüssigkeit brauchen.

### *11. Der tragische Irrtum über den Aggressionstrieb*

Der Mensch ist viel friedlicher als man denkt, weil es nämlich den heute so viel diskutierten, in tausend Büchern und hunderttausend anderen Publikationen hochgespielten Aggressionstrieb, den man mit untauglichen Methoden zu bekämpfen versucht, in Wirklichkeit überhaupt nicht gibt. Ich behaupte:

- *Es gibt keine elementare Triebkraft in der menschlichen Psyche, die primär eine Aggression will und deren Aufgabe die Aggression ist. Ein aggressives Verhalten und aggressive Gefühle werden von anderen Triebkräften erzeugt.*

Sigmund Freud irrte sich, als er lehrte, daß es im Menschen zwei Grundtriebe gebe, den Sexualtrieb, von dem alle Libido (alles Begehren) kommt und einen Todestrieb, der primär auf eine Zerstörung des Lebens gerichtet ist und sich als Aggressionstrieb zeigt.
Freuds Theorie, zu der noch die Behauptung kam, daß eine Frustration der Libido in den ersten Lebensjahren eines Kindes dieses viel später, noch im Erwachsenenalter, aggressiv und böse macht und zudem Ursache vieler psychischer Konflikte und Krankheiten ist, war ein Irrtum. Der in der westlichen Welt verbreitete Glaube an die Freud'sche Theorie wurde zu einer Art Religion. Er veränderte grundlegend die Politik und das Erziehungswe-

sen. Er führte zur großen antiautoritären Revolte der Jugend. Er bewirkte eine Kulturrevolution. Er schuf die psychoanalytische Psycho-Therapie, mit der, vor allem in den USA Abermillionen Menschen mit psychischen Problemen von Therapeuten, die man in den USA Psychiater nennt, meist viele Jahre lang behandelt werden. Ich halte es für wenig wahrscheinlich, daß sich ein elementarer Trieb, der töten und zerstören will, in der Evolution entwickeln konnte oder von einem Gott geschaffen wurde. Welchen Sinn und welche Aufgabe hätte ein solcher Trieb denn haben können?

Natürlich gibt es Aggressionen. Doch diese haben andere Ursachen als einen primären Aggressionstrieb. Es sind andere Triebkräfte, die zu Aggressionen führen, z.B. die Habgier, der Neid, die Rachegier eines elementaren Gerechtigkeitstriebes und vor allem ein sehr starker, sehr häufig in Aktion tretender elementarer Trieb, den ich *Abwehrtrieb* nenne. Dieser ist jedoch ein höchst sinnvoller und nützlicher Trieb, den wir zu unserer Verteidigung brauchen, wenn wir angegriffen oder behindert werden.

Diese Hypothese mag manchem vielleicht spitzfindig erscheinen. Ich halte sie jedoch für sehr wichtig, weil Irrtümer als Fehlinformationen zu Fehlhandlungen führen müssen und nur exakte, richtige Erkenntnisse und ein exaktes Wissen zum richtigen Handeln führen können.

Den Leser meines Buches bitte ich das, was in den letzten Jahrzehnten alles zur Aggressionsbekämpfung, einer dazugehörenden Friedensforschung und vor allem zur Therapie psychisch Kranker, Drogensüchtiger, Krimineller, entgleister Jungendlicher unternommen und dem Irrtum Freuds aufgebaut wurde, mit meiner Theorie über das Aggressionsverhalten zu vergleichen.

Als Hauptursache eines aggressiven Verhaltens und einer aggressiven Lebenseinstellung sehe ich und sieht die EPS eine elementare, sinnvolle Triebkraft, die sie wegen ihrer Aufgabe *Abwehrtrieb* nennt, der nur eine notwendige Verteidigung, nicht an sich ein Angreifen, Zerstören, Töten will.

Das Funktionsgesetz dieser Triebkraft kann wie bei allen elementaren Triebkräften einfach und kurz dargestellt werden. Die kurze Darstellung kann viele Probleme bezüglich des Aggressionsverhaltens, die bisher so umfangreich diskutiert wurden, auf einfache Weise und grundlegend lösen. Meine kühnen und sicher viele provozierenden Hypothesen über das Aggressionsverhalten sind:

- *Eine von den 36 elementaren Triebkräften der menschlichen Psyche ist der Abwehrtrieb, ein Verteidigungstrieb. Dieser arbeitet mit einem elementaren Unlustgefühl, das wir je nach seinem Stärkegrad und seinen Begleitumständen Wut, Gereiztheit, Mißmut, Ärger, auch Zorn nennen.*
- *Die Schlüssel-Signale für die elementare Unlust dieser elementaren Triebkraft sind:*

- **1.** *Empfindungen (E), Wahrnehmungen (W) und Vorstellungen (V) eines Angriffs auf die betroffene Person, ihre Familie oder ihre Gruppe, mit der sie sich identifiziert.*

- **2.** *W und V eines Angriffs auf das Revier und den Besitz der betroffenen Person.*

- **3.** *W und V einer Störung oder Behinderung (Frustration) des Strebens der betroffenen Person oder der Gruppe, mit* *der sie sich identifiziert.*

Die Wut ist ein Unlustgefühl, kann jedoch in eine lustvolle, wohltuende, befreiende Wut (z.B. einen "heiligen Zorn") umschlagen, wenn sie ausgetobt wird, d.h. wenn der Trieb sein Ziel erreicht und sein Bedürfnis befriedigt. Zweck, Aufgabe, Ziel dieser FE und ihres zielstrebigen Mechanismus sind die Abwehr und die Beseitigung oder Vernichtung des Objektes, das einen Menschen, sein Leben, sein Streben, sein Revier, seinen Besitz, seine Familie oder Gruppe angreift, behindert, stört.
Die Wut ist von einem aggressiven Verhalten begleitet. Zu ihm zählen auch Atavismen. Zur Abwehr sollten wir angreifen und uns wehren. Daher ballen wir in der Wut die Fäuste und beißen die Zähne zusammen, so daß sie manchmal sogar knirschen. Dazu gesellt sich ein Kampfgeschrei. Im Zorn werden wir instinktiv lauter. Wir brüllen den Gegner an. Das meiste vollbringt der Mensch heutzutage mit Worten. Es ist hochinteressant, zu erkennen, daß der Abwehrtrieb den angreifenden Gegner und das behindernde oder störende Objekt nicht nur physisch, sondern auch psychisch mit Worten zu vernichten oder zu schädigen sucht. Die Schädigung gelingt, wenn wir den Wert des Gegners vernichten. Ausdrücke wie "Idiot", "Hund" oder "Schwein" werden von uns angewandt, um dies zu bewirken. Da wir gleichzeitig angeregt sind zu brüllen, so kommt es zum Anbrüllen und lautem Beschimpfen. Wir bewerfen in solchen Fällen den Gegner nicht mehr mit Steinen wie zur Urzeit, sondern mit ihn und seinen Wert vernichtenden Worten.
Dieser elementare Abwehr- und Verteidigungstrieb, der eine recht sinnvolle Aufgabe hat, verursacht bei seiner

spezifischen Reizung Aggressionen und ein aggressives Verhalten. Er ist jedoch primär nicht auf eine Aggression gerichtet, ohne daß ein Angriff, eine Störung oder eine Behinderung vorangegangen ist und als eine Wahrnehmung oder eine Vorstellung im Bewußtsein erschien.
Jede zukünftige Aggressions- und Friedensforschung sollte das beachten.

### *12. Die wahren Ursachen der zunehmenden Aggressivität*

Liebe statt Krieg. Dieser Slogan konnte nach dem letzten Weltkrieg die Jugend begeistern; denn er sprach starke elementare Bedürfnisse an. Die Jugend wollte Freiheit für den vordem unterdrückten Sex. Dazu wünschte man sich mehr fürsorgliche Liebe, Freundschaft statt Feindschaft, gegenseitige Hilfe, Humanität.
Dieses Paradies der Menschen, so dachte man, verhindert nur immer wieder der böse Aggressionstrieb. Also muß man diesen bekämpfen.
Sigmund Freud hatte zur Bekämpfung und Heilung des Aggressionstriebes das Rezept gegeben. Ursache der Aggression war für ihn eine Frustration. Ursache von festgefahrenen, fixierten, aggressiven Einstellungen, eines aggressiven und bösen Charakters, einer Drogensucht, psychosomatisch entstandener körperlicher Krankheiten und krimineller Handlungen war eine Frustration in der Kindheit, in den ersten Jahren des Lebens. So wurde es gesagt, behauptet, gelehrt. Diese Theorie wurde auf den Universitäten, in Kursen, von den Psychotherapeuten und den USA-Psychiatern verbreitet. Diese Theorie, dieser Lehrsatz, der sogar zu der weltweiten antiautoritären Kulturrevolution führte, war falsch, war ein Irrtum, war

eine Fehlinformation, die zu Fehlhandlungen führen mußte.

*Frustration macht Aggression.* Das war eine richtige Erkenntnis. Das war ein Teil des Funktionsgesetzes des elementaren Abwehrtriebes, nur ein Teil, dessen Publikation durch Freud und seine Jünger eine so große Wirkung hatte.

Sehen Sie sich bitte das Funktionsgesetz der EPS einmal genau an! Es sagte aus:

Schlüssel-Signale für die Reaktion des Abwehrtriebes, für aggressives Verhalten, für aggressive Emotionen und wirkliche Aggressionen sind Wahrnehmungen und Vorstellungen einer Frustration.

Eine Frustration ist die Behinderung unseres Strebens und des freien Auslebens unserer elementaren Triebkräfte.

Wichtig ist hier das Wort: *Vorstellungen!*

Was tut man zur Bekämpfung der Aggressionen? Man versuchte zwar echte Frustrationen zu vermindern. *Niemand durfte mehr frustriert werden.* Aber man heizte gleichzeitig weltweit Aggressionen an, indem man das Gift der Schlüssel-Signale *Vorstellungen einer Frustration* über die Menschen und viele Völker goß, die sich vordem garnicht so sehr frustriert gefühlt hatten. Man schürte Rassenhaß, Klassenhaß, auch einen Haß auf Eltern und Vorgesetzte, indem man die Menschen unserer Zeit ständig und intensiv mit Vorstellungen überschüttete, frustriert zu werden. Man suggerierte ihnen erst die Bedürfnisse und damit das Streben, von dem man behaupten konnte, es werde frustriert. Zudem wurde Kindern, psychosomatisch Kranken, Aggressiven und Verbrechern ständig vorgesagt, daß an ihren Leiden, ihrem bösen Charakter, ihren Verbrechen, ihrer Drogensucht nicht sie selbst, sondern ihre Eltern die eigentlichen Schuldigen seien, da sie von ihnen in den ersten Kinderjahren, z.B. durch ein Verbot in die Hose zu machen, frustriert wurden.

Da die Psychotherapeuten in den letzten Jahren Frustrationen durch die inzwischen aufgeklärten antiautoritär erziehenden Eltern nur noch selten finden konnten, erfanden sie neue, die Frustration bei der Geburt und sogar die Frustration der das Kind im Leib tragenden Mutter.

Der ganze, gut gemeinte Kampf gegen den bösen Aggressionstrieb führte zum genauen Gegenteil des Gewünschten. Durch das ständige Hineinbringen der Vorstellungen frustriert zu werden in das Bewußtsein von immer mehr Menschen, wurde diesen immer mehr Zündstoff zum Aktivieren eines Aggressionsverhaltens zugeführt.

Ich habe dies in anderen Büchern, wie *Irrtum der antiautoritären Revolte* und *Die Zukunft gewinnen* ausführlich dargestellt. So erzeugte man nur mehr, nicht weniger Haß, Rachegefühle, Wut, Feindschaft und Aggressionen.

Eine Frustration, die von Freud und seinen Jüngern allein als Ursache eines aggressiven Verhaltens angesehen wurde, ist nur eines der drei Schlüssel-Signale für den aggressiv werdenden Abwehrtrieb und seine Gefühle. Seine häufige Reizung kann gewiß eine Daueraggression verursachen. Es ist jedoch wenig wahrscheinlich, daß eine viele Jahre zurückliegende Frustration viel später einen aggressiven Charakter macht.

Will man die wirklichen Ursachen eines aggressiven Charakters, d.h. eines häufigen oder ständig aggressiven Verhaltens und einer dauernd wütenden, zornigen und mißmutigen Stimmung erforschen und analytisch behandeln, muß man alle elementaren Triebkräfte kennen, die frustriert werden können. Dazu sollte man auch noch die häufigste Ursache eines aggressiven Charakters kennen, *die Reizbarkeit.* Diese ist bei verschiedenen Menschen verschieden, kann krankhaft gesteigert sein, z.B. durch eine Überfunktion der Schilddrüse.

Dieter E. Zimmer schrieb in seinem Buch *Tiefenschwindel. Die endlose und die beendbare Psychoanalyse.* (1986, Rowohlt-Verlag) die Sätze:

"Darin sind sich seine Verächter und Verehrer einig: kein anderer einzelner hat das Denken dieses Jahrhunderts so stark wie Sigmund Freud beeinflußt, kein anderer hat so viel wie er zu dem Bild beigetragen, das sich der Mensch der westlichen Zivilisation heute von sich selbst macht."

"Die Psychoanalyse ist zu einer ideologischen Weltmacht geworden."

"Das von ihm errichtete Gedankengebäude halte ich von den Fundamenten aufwärts für marode, einen Irrtum, ein Wahnsystem."

"Ich verüble es Freud, daß seine Lehre so lange so viel Intelligenz, Neugier, Energie für sich in Anspruch genommen hat."

Diese Worte waren ein hartes Urteil über Freuds Lehre und die ganze Psychoanalyse, eine Therapie, die Millionen mitmachten, die einen Milliardenumsatz erzielte, heute noch die Grundlage der Therapie in vielen Heimen Behinderter, sozial Gestrauchelter, Kranker, Drogensüchtiger ist und in den letzten Jahren in verschiedenen Variationen auf den Universitäten gelehrt wird.

Ich persönlich als Arzt sah, daß die psychoanalytisch arbeitenden Psychotherapeuten ihren Patienten schon in

mehrfacher Weise helfen konnten. Allein schon, daß sich Patienten einmal über ihre Probleme gründlich aussprechen konnten, verständnisvoll angehört, ernst genommen wurden und daß ein Therapeut versuchte, ihr Fehlverhalten zu erklären, half ihnen schon und löste oft ihre Probleme.
Nur daß eine frühkindliche Frustration die Ursache war, das stimmte nach meiner Schätzung in 90 Prozent der Fälle nicht.

- *Wird ein zukünftiger Psychoanalytiker wissen, daß es nicht nur den Sexualtrieb, sondern noch 35 andere elementare Bedürfnisse gibt, die frustriert werden können und noch 35 weitere Funktionsgesetze, nicht nur das eine: Aggression durch Frustration, dann kann seine Therapie noch mehr helfen und kann seine Analyse noch mehr aufklären.*

Freuds Theorie und Hypothesen, die er selbst Vermutungen nannte, hatten auch noch weitere Folgen. Seine Zwei-Triebe-Lehre führte dazu, daß man in der westlichen Welt fast ausschließlich den Sexualtrieb und den Aggressionstrieb beachtete, förderte, entwickelte, stärkte, kultivierte, in das Bewußtsein der Menschen brachte.
Die anderen elementaren Gefühle, Strebungen und elementaren Bedürfnisse der Menschen blieben unbeachtet und mußten verkümmern. Es ist deshalb notwendig und höchste Zeit, daß wir uns auch diesen zuwenden und sie kennen lernen.

## *13. Wie entsteht der tägliche Ärger*

Alles, was über die Ursache des Aggressionsverhaltens erforscht und ausgesagt wurde, betrifft nur einen kleinen Teil der Funktion und Reaktion unseres Abwehrtriebes. Diese elementare Triebkraft hat noch eine wesentlich größere Bedeutung für unser Leben und das, was wir unser Glücklichsein und Wohlbefinden nennen.
Das Unlustgefühl dieser Funktionseinheit der Psyche mit ihrem zielstrebigen Mechanismus erleben wir nicht nur als die schon beschriebene aggressive Wut, sondern viel häufiger als *Ärger*, der jeden Menschen fast täglich quält und stört. Dieser Ärger ist sicher eines der am häufigsten erlebten Gefühle. Haben Sie schon einmal darüber nachgedacht, was dieses so häufige Gefühl verursacht? Haben Sie schon einmal daran gedacht, daß es wie alle elementaren Gefühle eine Aufgabe und einen Zweck hat? Haben Sie in der psychologischen Literatur schon einmal etwas Exaktes darüber gefunden? Es ist kaum zu glauben, doch es ist so: Das Wort *Ärger* ist weder im dreibändigen Lexikon der Psychologie, noch *im Großen Duden-Lexikon* zu finden, obwohl uns der Ärger doch so viel zu schaffen macht, auch als *Gereiztheit, Grant, Mißmut* und häufigster *Teil einer schlechten Laune.*

Was macht Ärger? Ärger entsteht durch die gleichen Signale, die eine aggressive Wut erregen; denn beim Ärger reagiert der gleiche Abwehrtrieb.

- *Ärger macht vor allem die Störung oder Behinderung eines aktiven Strebens, seltener ein Angriff auf die geärgerte Person und auf das, mit dem diese sich identifiziert.*

Wird man bei einer Tätigkeit gestört, reagiert man mit einer Gereiztheit, einer Ärger-Reaktion. Stößt man sich den Kopf an einem Balken, so wird das von der Psyche als ein Angriff gewertet. Neben dem Schmerz erlebt man eine kleine aggressive Wut und beschimpft dabei sogar den unschuldigen Balken. Streikt der Füllfederhalter und wird dadurch ein eiliges Schreiben behindert, läutet die Hausglocke, wenn man nicht gestört sein will, immer gibt es eine gereizte Ärger-Reaktion.
Die Emotion Ärger ist umso stärker, je stärker das behinderte Streben war und je größer der Faktor Behinderung oder Störung ist.

- *Die Intensität der Emotion Ärger resultiert aus der Größe der Behinderung oder Störung und der Stärke des behinderten Strebens.*

- *Dieser Lehrsatz sagt aus, daß jeder Ärger zwei Ursachen haben muß: die Behinderung und das behinderte Streben. Fällt nur eine Ursache weg, resultiert kein Ärger, keine Wut, kein aggressives Verhalten.*

So einfach ist das. Aus diesem einfachen Psychogesetz kann man leicht auch eine Therapie gegen das Kranksein durch häufigen Ärger und ständiges Gereiztsein folgern.

- *Das Rezept zur Verhinderung und Verminderung eines sich häufig wiederholenden Ärgers heißt: Gewöhnen Sie sich ab, gerade das zu erstreben, von dem Sie wissen können, daß es häufig oder sogar immer gestört oder behindert wird!*

Eine Patientin von mir wollte bis neun Uhr schlafen, wurde aber jeden Werktag regelmäßig von Schulkindern, die sie im Treppenhaus und auf der Straße hörte, um halb acht Uhr geweckt. Sie ärgerte sich täglich, war unglücklich und gereizt und sie fühlte sich krank, weil ihr Streben bis neun Uhr zu schlafen, gestört und behindert wurde.

Diese Dame wußte nicht, daß es eine zweite Ursache ihres Ärgers gab, ohne die die Hauptursache ihre Wirkung verlieren mußte.

Ich konnte diese Patientin über das bei ihr wirksam gewesene Psycho-Gesetz aufklären und überzeugte sie, daß es besser sei, in Zukunft um halb acht, statt um neun Uhr aufwachen und um acht Uhr aufstehen zu wollen. Der ganze tägliche Morgen-Ärger und mit ihm noch einige "psychosomatische" Leiden waren, nachdem sie das einsah und befolgte, fortan verschwunden. Die Halb-acht-Uhr-Lärmer wurden sogar in Gedanken begrüßt, weil sie nun ihren Aufweckwunsch förderten.

Nach einem anderen Psycho-Gesetz bewirken Förderer eines Strebens ein elementares Gefühl der Zuneigung, Behinderer ein Gefühl der Abneigung bis zum Haß. Die bisher gehaßten Lärm-Kinder wurden der Patientin sympathisch. Dieses Funktionsgesetz der Sympathie und Antipathie werde ich an einer anderen Stelle beschreiben.

## *14. Was bezweckt die Qual der Langeweile?*

Langeweile, was ist das? Ist die Langeweile nicht eine Unlust und Qual? Jeder Mensch kennt die Langeweile. Sie ist so verbreitet, daß die Menschheit Millionen Stunden dafür opfert, diese Unlust zu bekämpfen und die Langeweile zu vertreiben. Ganze Industrien sind nur dieses einen Gefühles wegen geschaffen worden. Wirklich äußerst kurios ist die Tatsache, daß trotz dieser wichtigen Rolle, welche das Gefühl der Langeweile in unserem Leben spielt, sie heute nicht als Gefühl erkannt wurde und daß man noch nicht entdeckt hatte, zu welchem Zweck und für welche Aufgabe uns dieses Unlustgefühl gegeben ist. Wer die psychologische Literatur kennt, wird diese merkwürdige Ignoranz bestätigt finden. Dabei ist der Zweck dieses Gefühls so einfach und klar zu erkennen, so offensichtlich und einleuchtend wie kaum ein anderer Zweck unserer Gefühle.

Denken wir wieder daran, daß alles in der lebenden Natur eine Aufgabe hat, auch jedes elementare Gefühl. Fragen wir einmal: wozu? Dieses Zauberwort "wozu" ist ein Schalter für viele Lichter, die uns aufgehen können. Ich fragte mich: Wozu ist das quälende Gefühl der Langeweile da? Wozu hat es die Natur geschaffen? Welche Aufgabe kann es haben? Mir ist deutlich klar geworden, wozu die Natur dieses Gefühl geschaffen hat. Ich biete folgende Hypothese an:

- *Auslösende Signale für das Gefühl der Langeweile sind Wahrnehmungen und Vorstellungen des Nichtstuns, Nichtserlebens, Nichtvorwärtsschreitens, Nichtveränderns, wobei statt "nichts" auch "zu wenig" gilt.*

- *Die Aufgabe der Unlust Langeweile ist, uns tätig sein zu lassen. Wir sollen immer tätig sein, immer weiterschreiten, die Welt verändern, auf keinen Fall untätig und faul in einer Höhle oder in unserem Zimmer hocken. Sind wir untätig und leben nicht diesem Trieb gemäß, so quält uns die Langeweile, bis wir wieder etwas tun.*

- *Sind wir intensiv tätig oder sehen wir eine Veränderung und Abwechslung, so erleben wir ein Gefühl der "Kurzweil" und mit ihm das Lustgefühl einer elementaren Triebkraft.*

- *Signale für das Lustgefühl der Kurzweil sind Wahrnehmungen und Vorstellungen des Tätigseins, auch des Vielerlebens, des Weiterschreitens, der Abwechslung und Veränderung.*

Nachdem uns dieser Trieb mit seiner Unlust dazu drängt, tätig zu sein, und uns beim Tätigsein mit seiner Lust belohnt, nennt ihn die Elementar-Psychologie ganz einfach den Tätigkeitstrieb.
Heute liegen wir während des langen Winters nicht mehr in einer dunklen Höhle auf dem Bärenfell und erleben auf der Jagd die Abwechslung und das kurzweilige Erlebnis. Unsere Tätigkeit heute ist in der Hauptsache auf die Arbeit beschränkt, die oft eintönig, zu gleichmäßig, ohne eine Fortbewegung und ohne einen Wechsel in der Szenerie abläuft. Das wird als langweilig gefühlt. Auf der anderen Seite ist zu Hause das Fernsehen, das uns eine Jagd, ein beglückendes Nomadenleben, ein Tätigsein, ein Erleben und eine Abwechslung vorgaukeln kann. Dadurch fühlen wir pervers, nämlich Kurzweil im Sessel und Langeweile bei unserer Arbeit.
Nur im Urlaub jagen wir, wandern immer weiter und erleben wir die Abwechslung, zu der es uns drängt, sodaß wir da die Kurzweil finden, die unseren Vorfahren für ihren Beruf zugedacht war.
Tätigsein und Abwechslung haben ist ein elementares Bedürfnis der Menschheit. Man wußte schon im alten Rom, daß man dem Volk, vor allem, wenn es arbeitslos ist,

nicht nur Brot, sondern auch einen Zirkus bieten mußte, um es zufriedenzustellen.
Es ist das dringende und drängende Bedürfnis, die Qual der Langeweile abzustellen, das oft Jugendliche zu Verbrechern macht. Sie schließen sich zu Banden zusammen, die sich austoben wollen. Kommt noch eine aufgeputschte Wut gegen die "Ausbeuter" oder die Ordnungsmacht des Staates hinzu, so kommt es zu Terroraktivitäten. Will man sich damit noch besonders als Held hervortun, ist daran auch noch ein fehlgeleiteter Geltungstrieb beteiligt. So kann man solche Aktivitäten exakt analysieren.
Will man irgendwo eine Arbeit lustvoller machen, muß man sie weniger eintönig und durch mehr Abwechslung kurzweiliger machen.
Zu der in diesem Kapitel besprochenen Funktionseinheit der Psyche gehört auch das Gefühl der Ungeduld.
Menschen, bei denen immer alles schnell weitergehen muß, sind durch ein Gefühl der Ungeduld gereizt, wenn etwas zu langsam vorwärts geht. Dazu kann ein Ärger-Gefühl wegen der Behinderung des Weiterschreitens kommen. Ist der Betreffende dazu noch nervös und dadurch leicht reizbar, dann kann eine solche Ungeduld recht störend für ihn und auch für seine Mitmenschen sein. Weiter, weiter! Bei nichts kann ein Mensch mit einem solchen Charakter ruhig genießend verweilen. Eine solche Ungeduld ist eine der Ursachen von krankmachendem Stress.
Wer irgendwo und irgendwie zu lange verweilen muß, erlebt das Unlustgefühl Langeweile. Wer nur kurz irgendwo und irgendwie verweilt, findet das abwechslungsreich, kurzweilig.
Heute haben wir eine Freizeitgesellschaft mit einer durch-

schnittlichen Arbeitszeit von nur 35 Wochenstunden. Auch im Urlaub und Pensionsalter haben wir Freizeit. In dieser langen freien Zeit spielen die beschriebenen Gefühle unseres Tätigkeitstriebes eine sehr große Rolle. Sie sind eine Antriebskraft für vieles, für Spiele, Sport, künstlerische und kreative Taten, Kunstgenuß, ja überhaupt für das Geniessen der vielen möglichen Freuden des Lebens.

Diese viele Freizeit kann heute zu dem verwendet werden, was wir *Entfaltung der Persönlichkeit und Selbstverwirklichung* nennen.

Der saarländische Ministerpräsident Oskar Lafontaine bezeichnet in seinem Buch *Die Gesellschaft der Zukunft. Reformpolitik in einer veränderten Welt* (Hoffmann und Campe-Verlag 1988) diese Selbstverwirklichung der Menschen als das Hauptziel einer und seiner Politik. Leider sagt er nicht, wie die Menschen der Zukunft sich selbst verwirklichen sollen. Auch in anderen Büchern über die Zeitwende ist viel von der Selbstentfaltung der Persönlichkeit, von Freiheit zur Selbstverwirklichung und zu einem kreativen Leben die Rede.

Sehen wir uns aber um, was unsere Jugend tut, um ihre Langeweile zu beseitigen, die sie an sich zu einer Selbstverwirklichung, Selbstentfaltung und einem kreativen Leben antreiben und veranlassen will, finden wir, daß es ihr an einer richtigen, begeisternden, verlockenden Anleitung fehlt. Sind nicht die Psychologen und Pädagogen dazu berufen, brauchbare Anleitung zu geben?!

Zu diesem Thema könnte die Elementar-Psychologie sehr viel sagen, weil sie alle elementaren Kräfte, die elementaren Freuden und die Signale, die diese Freuden hervorzaubern können, kennt.

Es gilt die wertvolle Zeit, die uns Menschen nur einmal gegeben ist, mit einer vernünftigen und auch wirklich beglückenden und Freude machenden Tätigkeit auszufüllen. Die beste Möglichkeit dazu ist: seinen Mitmenschen fürsorglich und liebevoll zu helfen und ihnen immer wieder Freude zu schenken.

## *15. Die Angst*

Im Großen Duden-Lexikon (Bibliographisches Institut, Mannheim) steht: Angst ist die Reaktion auf eine unbestimmte Bedrohung. Und: Das Gefühl allseitiger Unsicherheit und der Grundlosigkeit des menschlichen Daseins.

Im Lexikon der Psychologie (Arnold Eysenck, Herder-Verlag) steht bei dem Begriff Angst: "ein Erleben sich verändernder Mischungen von Ungewißheit, Erregungen und Furcht. Und: Ein Spannungszustand, der durch das Erfahren einer Mißbilligung in zwischenmenschlichen Beziehungen entsteht.... Nach einer ziemlich weitverbreiteten Definition ist Angst das autonome Reaktionsmuster auf Reizung durch ein schädigendes Agens..."

Das Wörterbuch der Psychologie (Sury, Schwabe & Co. Verlag) schreibt: "Angst ist eine elementare, unangepaßte, nicht objektbezogene Reaktion, die verbunden mit teilweisem oder totalem Kontrollverlust über die innere und äußere Realität als ein die Existenz bedrohender, überwältigender und äußerst schmerzhafter Aggressionszustand, z.B. individuell auch als Depression empfunden wird."

Die Elementar-Psychologie, die ich Ihnen in diesem Buch zur Begutachtung und Ergänzung vorstelle, stellt die folgenden Hypothesen auf:

- *Wie auch viele Tiere besitzt der Mensch einen Gefahrfluchttrieb. Dessen Unlustgefühl ist die Angst. Signale für die Angst sind Empfindungen, Wahrnehmungen und Vorstellungen einer Gefahr für unser Leben, unseren Besitz, unsere Familie und geliebte Personen, auch für das bisher Erreichte.*

- *Daß die quälende Angst uns aus einem Milieu fliehen lassen soll, welches uns gefährlich ist, erscheint uns logisch und verständlich. Wir sehen diesen Zweck der Angst und des Fluchttriebes ein. Die Aufgabe der Angst ist, uns vor Gefahren zu schützen.*

Ich bitte an dieser Stelle den Leser zu überlegen und zu vergleichen, welche Aussagen klarer sind, den Tatsachen näher kommen, für eine angewandte Psychologie brauchbar sind sowie sinnvoller und verständlicher erscheinen!
Die elementare Emotion Angst ist eine Realität in unserem Bewußtsein. Sie ist aber auch eine reale, beobachtbare Kraft in der Natur, eine Kraft, die vieles bewirkt. Diese reale Kraft kann in einer angewandten Psychologie, vielseitig eingesetzt werden. Für ein besseres Wohlbefinden der Menschen muß man das Leben möglichst angstfrei machen.
Die Angst kann zu einem Leiden und einer Krankheit werden, wenn sie häufig auftritt oder im Bewußtsein und Unterbewußtsein fixiert bleibt. Wegen ihrer körperlichen Begleitsymptome, wie z.B. einer Verengung der Blutgefäße, einem Zittern, einer Übererregung oder Lähmung der Muskulatur kommt es zu einem psychosomatischen

Syndrom. Hier kann der Psychotherapeut helfen, wenn er dem Kranken zeigt, welche Signale bei ihm Angst auslösten. Dann weiß dieser, warum und wovor er Angst hat. Er sieht den kleinen Gegenstand, der Angst machte und nicht das riesige, ihm unbekannte Gespenst, das er nicht greifen und begreifen konnte.
Spezial-Ängste, die man Phobien nennt, entstehen meist durch starke Erlebnisse, die einmal eine besondere Angst erleben ließen und dadurch eine feste Assoziation der Ur-Angst-Signale mit bestimmten Situationen geprägt hatten. Es wurde jedoch festgestellt, daß bestimmte Phobien auch erblich sein können.

- *Ein Schreck ist ein starkes, plötzlich auftretendes Angstgefühl.*

Psychiater wissen, daß Angstgefühl auch körperlich entstehen kann. Wahrscheinlich wird dabei das im Bewußtsein Angst auslösende Polypeptid, ein Angsthormon, durch eine Krankheit erzeugt. Ich selbst beobachtete einmal während meiner Tätigkeit als Klinik-Psychiater, wie ein Patient von einem an Angst leidenden anderen Patienten eine Bluttransfusion erhielt und danach etwa eine Stunde lang starke Angst fühlte. Als Psychiater kennt man auch Patienten, die den ganzen Tag Angst haben, schwitzen, zittern und sich ganz so verhalten, als ob sie Schrecken erregende Gespenster sähen. Bei ihnen entsteht das Angstgefühl auch durch ein solches Angst auslösendes Hormon.
Die normale Angst entsteht nur durch ihre spezifischen Angst-Signale.
Überlegen Sie bitte, was alles auf der Erde diese eine

elementare Triebkraft bewirkt und wie einfach mit wenigen Sätzen ihr Funktionsgesetz dargestellt und verstanden werden kann!

Die Angst ist eine elementare Emotion. Sie ist kein Ekel, kein Stolzgefühl, keine Liebe, also ein eigenes, eben elementares Wesen, ein Teil der Natur, dieses Wesen kann von jedem Menschen beobachtet werden, wird von Milliarden Menschen erlebt. Die Äußerungen der Angst kann jeder bei seinen Mitmenschen sehen. Die Angst ist also eine Realität und kann naturwissenschaftlich begutachtet werden, wenn sie auch keine Materie, sondern nur eine Erscheinung im menschlichen Bewußtsein ist. Die Angst-Reaktion folgt einem Naturgesetz, das man naturwissenschaftlich begreifen und auf seine Richtigkeit und Übereinstimmung mit der Wirklichkeit hin begutachten kann.

Daß das Gefühl Angst in unserem Bewußtsein materiell von einem Angsthormon mit einer ganz bestimmten chemischen Formel erzeugt wird, ist vorerst noch eine Vermutung. Die chemische Formel ist noch unbekannt. Wir sehen, daß ein Gefühl zur Zeit exakter und evidenter naturwissenschaftlich erforscht werden kann, als das materielle Wesen, das es im Gehirn erzeugt. Psychische Phänomene sind leichter und exakter naturwissenschaftlich erforschbar als vieles Materielle in der lebenden Natur.

Der Gefahrfluchttrieb besitzt im übrigen auch ein Lustgefühl. Es belohnt uns, wenn wir einer Gefahr entkommen sind. Wir erleben es auch beim Wahrnehmen einer Gefahr und gleichzeitiger eigener Sicherheit. Wir nennen das Erleben dieses lustvollen Gefühles *Gruseln* und wünschen uns dieses wohlige Gefühl, wenn wir einen Kriminalroman lesen oder mit einer Geisterbahn fahren.

## *16. Was ist das Bewußtsein?*

Was ist das Bewußtsein? Können Sie es sagen? Können Sie es klar definieren? Was wissen die Philosophen und Psychologen darüber, was das Bewußtsein ist? Es ist doch so viel vom Bewußsein, von einer Bewußtseinsbildung die Rede. Es wird Bewußtsein und Unterbewußtsein unterschieden. Das Bewußtsein war seit Jahrtausenden immer wieder einmal der Hauptgegenstand philosophischer und psychologischer Forschung. Ist nicht, was im Bewußtsein geschieht, genau das, was eine psychologische Wissenschaft erforschen will?!

Irgendwie wurde immer wieder einmal aus der Existenz des Bewußtseins gefolgert, daß es eine immaterielle Seele geben muß. Man erlebte das Bewußtsein, konnte es aber nirgends als eine Materie sehen. Also mußte es eine Art Geistmasse sein. Man glaubte, daß diese unabhängig vom Körper existiert und naturwissenschaftlich nicht erforscht werden kann.

Ich stelle über das Bewußtsein folgende Hypothesen zur Diskussion:

- *Man kann exakt wissen und aussagen, was das Bewußtsein ist. Es ist erforschbar geworden.*

Die Inhalte des Bewußtseins, d.h. die Gestalten und Wesen, die sich in unserem Bewußtsein bewegen, sind der Lehrgegenstand der Elementar-Psychologie.

War nicht immer das, was wir im Bewußtsein beobachten können, das eigentlich Psychische und das, was Psychologie erforschen und lehren wollte und sollte?!

Die Elementar-Psychologie will die Inhalte des Bewußt-

seins naturwissenschaftlich erforschen.
Ich denke, also bin ich, sagte Descartes' und bewies damit seine eigene Existenz und nach dem Analogieschluß auch die Existenz aller denkenden Menschen. Weitere Existenzen konnte auch Descartes' Erkenntnisphilosophie nicht beweisen.
Dann kam Kierkegaard und sagte: *Ich habe Angst, darum bin ich.*
Kierkegaard hatte aus dem Erlebnis der Angst die Existenz eines Angst fühlenden Subjektes erschlossen und bewiesen. Und auch die Existenz eines Etwas, das die Angst verursacht hat. So bewies Kierkegaard die Existenz des Menschen und der Welt. Aus dieser Erkenntnis entstand der Existentialismus.
Der Traumgedanke der alten Inder hatte den Hinduismus geschaffen, aus dem auch der Buddhismus hervorging. Der Denkbeweis Descartes' hatte den Menschen seiner Zeit das Ideal des Intellektuellen gegeben. Der Existentialismus sah nur die Angst und die Freiheit als die Befreiung von der Angst. Die Welt wurde ein Angsttraum, das Leben als absurd bezeichnet und die Freiheit zum Idol.
Die Elementar-Psychologie sagt: Jeder Mensch erlebt in seinem Bewußtsein nicht nur den Vorgang des Denkens und das Gefühl der Angst, er erlebt die 36 x 2 Gefühle der 36 elementaren Triebkräfte und Funktionseinheiten seiner Psyche.
Daraus läßt sich ein 72-facher Existentialismus erschliessen.
Die Elementar-Psychologie wird zur Elementar-Philosophie und sagt: Alle rund 72 elementaren Gefühle sind primäre, elementare Erlebnisse in unserem Bewußtsein und damit beweisbar existent. Wie die Angst auch das

erkennen läßt, wovor man Angst hat, so kann der 72-fache Existentialismus der Elementar-Psychologie 72-fach unsere Umwelt erkennen lassen. Diese erscheint uns ja nur so, wie sie unsere Psyche in sich aufnehmen kann über die Sinnesorgane und die Gefühle.
Die Gefühle reagieren auf ihre Signale. Auch sie sind im Bewußtsein erlebbar. Treten die Gefühle immer wieder ausnahmslos auf die gleichen Signale auf, so kann man daraus ein Naturgesetz erschließen, ein psychologisches Naturgesetz. Ich stelle zur Diskussion:

- *Die Elementar-Psychologie hat die Welt des Bewußtseins erforschbar gemacht. Damit hat sie das weite Reich des Bewußtseins der Erforschung geöffnet und bereits zu dieser Forschung die Elemente des Bewußtseins und eine klare und eindeutige Gliederung der Bewußtseinsinhalte entdeckt und bekanntgegeben.*

Ich hoffe, daß die Elementar-Psychologie eine Synthese und Zusammenarbeit der sich bisher feindlich gesinnten Erkenntnisphilosophie einschließlich der geisteswissenschaftlichen Psychologie und der Naturwissenschaften ermöglicht, weil sie die Bewußtseinsinhalte naturwissenschaftlich beweisbar zeigt und weil von der Erkenntnisphilosophie gerade das im Bewußtsein Erlebbare als das einzige in ihrer Existenz Beweisbare angesehen wird.
Kehren wir nach diesem Ausflug in die Philosophie zur einfachen und leicht begreifbaren EPS zurück! Was ist das Bewußtsein? Die EPS will es sagen. Sie kann kurz ausdrücken, was sonst nur sehr umständlich und unexakt umschrieben wurde. Ihre Erkenntnis kam wie bei dem

Erkennen der Gefühle wieder durch das Zauberwort wozu. Wenn es in der Natur ein Bewußtsein gibt, muß es eine Aufgabe haben, für die es entstanden ist und sich in der Evolution entwickelt hat. Meine Hypothese, die ich zur Diskussion stelle, heißt:

- *Das Bewußtsein hat die Natur für eine ganz bestimmte Aufgabe geschaffen und entwickelt, von einem tierischen bis zum menschlichen Bewußtsein weiterentwickelt.*

Auch Tiere haben ein Bewußtsein. Ihr Sehen, Hören, Riechen erscheint in ihrem Bewußtsein. Höher entwickelte Tiere brauchen ein Gedächtnis. Sie müssen sich erinnern können, wo ihr Heim und ihr Weg dorthin ist, wo Nahrung gefunden wird, wo Gefahren lauern. Dazu mußte die Natur das Gedächtnis erfinden, die Evolution dieses entwickeln. Und dazu ein Medium, in dem das Erinnerte als eine Vorstellung wieder erscheinen und mit einer neuen Wahrnehmung verglichen werden kann. Die Natur erfand dazu das Bewußtsein.

- *Das Bewußtsein ist ein Medium, in dem wir unsere Umwelt, jedoch auch Erinnertes wahrnehmen und gleichzeitig Emotionen erleben, die als Kräfte im Vorgang der Motivation unser Wünschen und Tun sinnvoll lenken.*

Dieses Medium können wir mit einem Fernsehbild vergleichen, auf dem Wahrnehmungen und Handlungen wie in einem Film ablaufen. Stoppt man einen Film, erscheint ein Augenblicksbild, eine Art Fotografie auf der Leinwand oder dem Fernsehbild. Auf diesem Augenblicksbild erkennen wir nur wenig, oft nur einen Kopf.

Der Mensch kann sein Bewußtsein lenken, einer Sache zuwenden, wie eine Filmkamera mit einem Scheinwerfer. Ich zitiere dazu einige Textstellen aus meinem Buch *Geistig mehr leisten* (Forkel-Verlag, 16. überarbeitete Auflage, 1989): "Auch zum Lernen brauchen wir das Bewußtsein. Wir konzentrieren es auf das, was beim Lernen gemerkt werden soll". "Stellen Sie sich das Bewußtsein wie ein Licht vor, mit dem Sie das beleuchten und erhellen, dem Sie sich in Ihrer Umwelt, in einem Buch oder auch im Gedächtnis Ihres Unterbewußtseins zuwenden wollen!"
In unserem Medium Bewußtsein erkennen wir in einem Augenblick nicht sehr viel, nur wenige agierende Gestalten, die wir Inhalte des Bewußtseins nennen könnnen.

- *Inhalte (Gestalten) im Bewußtsein sind ausschließlich: Empfindungen, Wahrnehmungen, Vorstellungen und die elementaren Gefühle (Emotionen). Andere Bewußtseininhalte gibt es nicht.*

Diese Darstellung und Definition vereinfacht unser Wissen über das Bewußtsein und die Psyche. Mit einem solchen Begriff kann man naturwissenschaftlich arbeiten und verliert sich nicht in einem vagen esoterischen Glauben.
Ich sage damit nichts gegen esoterische Erkenntnisse. Sie sind zum Teil auch naturwissenschaftlich erforschbar, wie z.B. das Licht einer Aura, das fotografiert werden konnte.
Weitere Definitionen:
Empfindungen sind bewußt werdende Erlebnisse, die uns von unserem Geschmacks-, Geruchs-, Tast-Sinn und gewissen Schmerz-, Kälte-, Hitze-Rezeptoren im Nervensy-

stem vermittelt werden. Wahrnehmungen werden uns von unseren Augen und Ohren über den Gesichts-Sinn und Gehör-Sinn vermittelt. Vorstellungen kommen aus dem Gedächtnis. Gefühle (Emotionen) sind ausschließlich die besprochenen elementaren Gefühle. Mehrere gleichzeitig erlebte Gefühle werden Mischgefühle, z.B. Haß und Wut oder Liebe und Achtung.
Wenn es heißt "Ich habe das Gefühl oder die Empfindung, als ob ich morgen bei der Prüfung durchfallen werde", so sind das nach der EPS unklare und falsch angewandte Begriffe. Es handelt sich hier um einen Gedanken, einen Glauben, nicht um ein Gefühl oder eine Empfindung.

Nur mit exakt definierten Begriffen kann man exakt denken. Wollen wir die EPS zu einer exakten Naturwissenschaft machen, müssen die von ihr verwandten Begriffe exakt definiert sein. Ich bitte die Leser zu beurteilen, ob sie mit meinen Definitionen der Bewußtseins-Inhalte einverstanden sein können und sie richtig finden oder ob sie bessere wissen.
Zu erwähnen ist noch, daß die vielen einzelnen Licht- und Farbpunkte, die das Auge treffen, nicht einzeln in das Bewußtsein treten, sondern als schon vorher von unterbewußten Kräften sinnvoll zusammengestellte Gestalten, die eine Bedeutung für unser Leben haben. Auch die Schlüssel-Signale sind bereits nach ihrer Bedeutung und Wichtigkeit für unser Leben geordnet. Die mit dem Bewußtsein arbeitende Psyche erhält ein bereits vorgeordnetes Ergebnis für ihre Arbeit. Milliarden Heinzelmännchen arbeiten blitzschnell mit, um der Psyche die schon fertigen Gestalten zu liefern.

## *17. Der Vorgang der Motivation*

Eine zweite Aufgabe, für die die Natur das Bewußtsein entwickeln mußte oder ein Gott es den Menschen geschenkt hat, war: die Ermöglichung einer freien Willensentscheidung und die Ermöglichung einer dafür notwendigen Funktion, die wir den Motivationsvorgang nennen.

Motivation ist das Abschätzen der Beweggründe des Wollens und Handelns. Motive nennt man die Beweggründe selbst. Der Vorgang der Motivation ist die eigentliche Steuerungsfunktion für unser Verhalten. Je mehr elementare Triebkräfte und vor allem höhere Triebkräfte und damit Wünsche und Bedürfnisse entstanden, um so notwendiger wurde es, die einzelnen, oft sich widerstrebenden gegeneinander abzuwägen.

Der Mensch sollte nicht wie die meisten Pflanzen und Tiere nur reflektorisch, starr-instinktiv auf Umweltreize reagieren, sondern sein Tun frei wählen können. Er sollte sich das Pro und Contra einer geplanten Handlung überlegen und dann sich frei zwischen verschiedenen Möglichkeiten entscheiden können, so wie ein Demokrat die eine oder andere Partei frei wählen kann.

Dazu braucht der Mensch ein Medium, einen Bildschirm, auf dem er das Pro und Contra projizieren, sich ansehen und vergleichen kann, ein Medium, in dem er gegenwärtige Wahrnehmungen mit im Gedächtnis ruhenden Erfahrungen zusammen sehen kann, eben das Medium Bewußtsein.

Eine meiner Hypothesen war: *Die Psyche ist das Organ, das uns bewußt handeln läßt.* Sie ist auch das Organ, das uns denken, überlegen, mögliches Handeln abwägen und uns

dann für ein Tun entscheiden läßt.
Bei dem Vorgang der Motivation spielen die Kräfte der Gefühle eine große Rolle. Vor allem werden sie auf der *Motivationswaage* gewogen. Ihr Gewicht auf der Lustseite des Pro und der Unlustseite des Contra entscheidet, wohin sich die Waage neigt. Dabei sind es nicht nur die gegenwärtigen Gefühle, sondern mehr noch die erwarteten, die befürchteten und erhofften Freuden und Leiden, Vorteile und Nachteile, die gewogen werden. Ich will das hier nicht weiter ausführen. Dafür gibt es eine eigene Motivations-Psychologie. Für diesen komplizierten Vorgang will ich hier noch kein exaktes Funktionsgesetz zeigen, zumal ich erst in einem späteren Kapitel darstellen werde, welche Rolle bei unserer Willensentscheidung der Geist, der Verstand, die Vernunft, der mehr oder weniger freie Wille, das Ich und das Es dabei spielen.
Die eigentliche Kraft des Wollens und der Motive kommt von den elementaren Triebkräften des Menschen und dem Grad ihrer Aktivierung durch die auf sie treffenden Schlüssel-Signale.

### *18. Es gibt fünf Psycho-Organe der Liebe*

Während Sigmund Freud vom Sexualtrieb alle Libido, also eigentlich alles Begehren kommen sah, konnte die EPS fünf elementare Triebkräfte ermitteln, die bei der Liebe eine Rolle spielen. Jede existiert einer eigenen Aufgabe wegen.

- *Der eigentliche, elementare Sexualtrieb wünscht nur die sexuelle Berührung, deren Lust und deren Höhepunkt, den Orgasmus. Seine Aufgabe ist die Befruchtung und durch sie die Fortpflanzung der Menschen.*

Mehr brauche ich über diese Triebkraft nicht zu sagen. Es gibt eine Menge Lehrbücher zur Kultivierung dieses Triebes und für den Genuß seiner Freuden. Durch Sigmund Freud wurde er von seiner vorhergegangenen Frustration befreit. Seine Freuden sind nicht mehr tabu.
Eine andere zielstrebige Funktionseinheit der Psyche erzeugt das, was wir die Sehnsucht nennen. Dieses Wort für ihr quälendes elementares Gefühl zeigt bereits die Aufgabe dieser Triebkraft, zeigt, was sie erstrebt und begehrt.
Die Sehnsucht ist eine Anziehungskraft, ist das Band der Liebe. Es hält die Liebenden zusammen, weil sie zusammen bleiben sollen.

- *Wahrnehmungen und Vorstellungen der "Entfernung vom Sehnsuchtsobjekt" lösen Sehnsucht (Abschiedsschmerz, Heimweh) aus. Entfernung ist hier sowohl als Abstand vom Objekt als auch als Bewegung des Entfernens zu verstehen. Daher kann die Qual schon beim Abschied entstehen.*

Schlüssel-Signale für das elementare Lustgefühl sind Wahrnehmungen und Vorstellungen der Wiederannäherung und Wiedervereinigung mit dem Sehnsuchtsobjekt. Der im Urlaub heimkehrende Soldat oder Gastarbeiter erlebt das Lustgefühl dieses Triebes meist schon bei der Rückfahrt in die Heimat.
Sehnsucht kann man nicht nur nach Sexualpartnern haben, sondern auch nach geliebten Angehörigen, nach einem Pferd oder Hund, nach einer geliebten Landschaft.

Ein drittes Element der Liebe ist die sogenannte echte oder seelische Liebe, eine vierte Triebkraft der helfen wollende Fürsorgetrieb. Ein fünfter ist ein Geselligkeitstrieb, der Alleingelassene leiden läßt und sie dazu treibt, mit anderen Menschen zusammen zu sein und in einer Gesellschaft dann Freudegefühle erleben läßt.

### *19. Was erzeugt Sympathie, was Antipathie?*

Unabhängig und getrennt vom Sexualtrieb und von der Sehnsucht existiert und funktioniert eine FE, die mit den Emotionen Sympathie und Antipathie wirkt. Diese FE hat andere Gefühle, andere Signale, andere Aufgaben als der Sexualtrieb und die Sehnsucht, wenn sich auch die Objekte für alle drei FE oft gleichen oder gar identisch sind. Wenn dies der Fall ist, werden Sexualbegierde, Sehnsucht und seelische Liebe (starke Sympathie) zusammen erlebt. Wählen wir für Sympathie-Antipathie als Synonyme Zuneigung-Abneigung, so finden wir in diesen Ausdrücken unserer klugen Sprache bereits die Aufgabe dieser FE:

- *Wir sollen uns den Objekten und Personen, die Sympathie (Zuneigung) erwecken, zuneigen, zuwenden, bei ihnen bleiben, sie fördern, uns dagegen von den Objekten, die Antipathie (Abneigung) erwecken, abneigen, abwenden, entfernen, sie nicht fördern. Zu den einen sollen wir hin-, von den anderen wegstreben. Das ist der Sinn dieser Gefühle.*

- *Das Gefühl Sympathie ist identisch mit der Emotion Zuneigung und mit dem Gefühl, das wir seelische oder wahre Liebe nennen. Ein starkes Gefühl der Antipathie (Abneigung) ist Haß.*

- *Schlüssel-Signale für das Gefühl Sympathie sind Wahrnehmungen und Vorstellungen eines Objektes, das positive (lustvolle) Gefühle erweckt, das Streben und die Wunscherfüllung fördert, selbst Objekt einer Wunscherfüllung oder Bedürfnisbefriedigung ist sowie Hoffnung erweckt.*

- *Schlüssel-Signale für das Gefühl Antipathie sind Wahrnehmungen und Vorstellungen eines Objektes, das negative (unslustvolle) Gefühle erweckt und das Streben und die Wunscherfüllung behindert.*

Da ein Objekt, das ein Streben behindert, sowohl den Abwehrtrieb reizt, als auch Antipathie erzeugt, wird verständlich, daß es gleichzeitig Wut und Haß auslösen kann. Die EPS sieht in der FE mit den Emotionen Sympathie und Antipathie einen Regelmechanismus, der durch ein zweckmäßiges Verfahren sinnvoll das Zusammenwirken zusammenpassender und sich helfender und beglückender Personen und Objekte fördert, jedoch Personen und Objekte, die sich schaden, stören, nicht zusammenpassen, voneinander fernzuhalten versucht.

*Liebe (Sympathie) erzeugt* vor allem, das sei nochmals betont, *was Hoffnung erweckt*, Hoffnung auf Wunscherfüllung. Einem solchen Objekt soll man und will man sich zuwenden.
Wer sich beliebt oder geliebt machen will, muß die entsprechenden Wahrnehmungen und Vorstellungen signalisieren, bzw. die für die Sympathie und Liebe

notwendigen Eigenschaften zeigen.

## *20. Der Fürsorgetrieb*

- *Die Nächstenliebe sowie die Emotionen Güte, Mitleid, Sorge gehören weder dem Sexualtrieb noch der Sympathie-Antipathie-FE an. Sie sind Gefühle einer eigenen FE. Sie reagieren auf Wahrnehmungen und Vorstellungen der Hilfsbedürftigkeit anderer, also Leidender, Schwacher, Kleiner, Kindlicher, Zierlicher mit einem Gefühl mitleidiger Sorge.*

- *Das elementare, lustvolle Gefühl dieser FE wird von Wahrnehmungen und Vorstellungen des Umsorgens, Helfens, Schenkens, Streichelns, Tröstens, vor allem bei schwachen, geliebten, leidenden Wesen und eigenen Kindern bewirkt. Der Anblick zierlicher, kindlicher, zarter Gestalten löst automatisch-instinktiv dieses Gefühl aus, das wir in der Güte, einem Gefühl der Zärtlichkeit und einer fürsorglichen Liebe enthalten finden.*

- *Im Erlebnis Sorge ist meist Mitleid mit Angst gemischt. Zärtliche Güte ist häufig mit Liebe (Sympathie) gemischt, da man sich häufig auch dem Objekt zugeneigt fühlt, das man umsorgen will.*

- *Die Aufgabe dieser elementaren Triebkraft in Tieren und Menschen kann erkannt werden. Sie soll in der Not helfen lassen oder vor allem die Fürsorge für die eigenen Kinder sichern. Die EPS nennt diesen Trieb Fürsorgetrieb. Dieser ist die Wurzel des Altruismus.*

Durch den elementaren Fürsorgetrieb wird sogar das Helfen, das Sichsorgen, das Eintreten für die Armen, für Kranke und Behinderte, Hungernde und Unterdrückte oder sonst irgendwie Leidende zu einem elementaren Bedürfnis, das heute eine große Rolle, vor allem bei Jugendlichen spielt und zur Zeit starke Emotionen aktiviert.
Die Freuden dieser elementaren Triebkraft bei einer entsprechenden erfolgreichen Tätigkeit sind so groß, daß festgestellt werden konnte: von allen Berufen machen die am glücklichsten, die irgendwie Menschen Hilfe bringen.

### *21. Da staunen wir, das ist interessant*

Alles muß heute Sensation sein, damit es überhaupt noch wirkt. So sind wir hochgereizt und übersättigt. Das Volk hungert nach Sensationen. Man verkauft sie ihm, im Kino, im Rundfunk, im Fernsehen, durch die Zeitungen und Illustrierten.
Hunger nach Sensationen? Wer oder was hungert hier? Zu welchem Zweck gibt es einen solchen Hunger? Wir erkennen einen Drang und eine Lust, die Gefühle, das Gesetz, den Zweck, die Automatik, das Ziel und das Wollen eines Triebes, der im Leben der Menschen wie jeder elementare Trieb eine große Rolle spielt.
Die drängende, quälende Unlust ist das, was wir die Neugierde nennen. Die Post bringt uns einen Brief, dessen Inhalt wir seit langem mit großem Interesse erwartet hatten. Weil aber im Augenblick gerade Besuch da ist, sind wir noch daran gehindert, den Brief zu öffnen und den Inhalt zu lesen. Was erleben wir in dieser Situation? Ein Dichter würde sagen: Der Brief brennt in der Tasche.

Er brennt uns tatsächlich. Er macht uns unruhig und quält uns, bis wir ihn lesen können. Erfahren wir, was wir wissen wollen, so erscheint ganz automatisch die elementare Lust dieses Triebes in unserem Bewußtsein. Wir staunen, und das ist sehr angenehm. Schriftsteller, Journalisten und Verleger leben von der Produktion dieser elementaren Lust.

Wir sehen nun wieder etwas sehr Merkwürdiges. Obwohl täglich Millionen Menschen diese Lust erleben und obwohl so große Geschäfte mit dieser Lust gemacht werden, hat man sie als elementares Lustgefühl, das sie ohne Zweifel ist, noch nicht erkannt. Deshalb hat man ihr auch noch keinen Namen gegeben. So können wir diese Lust heute nur als ein Gefühl des Staunens oder Sichwunderns bezeichnen, weil es beim Staunen und Sichwundern, beim Erfahren des Neuen, erlebbar wird. Da dieses Gefühl weder mit der Wollust, noch mit der Essenslust, noch mit sonst einem anderen Gefühl identisch ist, andererseits in gleichen Situationen immer wieder in gleicher Weise erlebt werden kann, zeigt es sich als ein echtes, elementares Lustgefühl. Je klarer wir dieses Gefühl kennen, desto besser und bewußter können wir es genießen.

- *Das Gefühl der Neugierde wird von Wahrnehmungen und Vorstellungen ausgelöst, die uns bedeuten, daß es Neues für uns gibt, das wir noch nicht wissen. Das lustvolle Staunen wird durch Wahrnehmungen und Vorstellungen ausgelöst, die unserem Wissen Neues bringen.*

Das ist das einfache Gesetz. Der Reiz wird um so stärker, je mehr Bedeutung das Neue für uns und unsere Trieb-

wünsche hat, je mehr es uns "angeht".
Wie unsere Essenslust größer ist, wenn wir vorher großen Hunger hatten, so ist die Lust des Staunens größer, wenn vorher die Neugierde groß gemacht wurde.
Die Neugierde kann nach Klatsch aus sein und kann zum Staunen auch noch Schadenfreude suchen. Das ist Klatsch: von anderen wissen wollen oder berichten, daß sie schlecht oder dumm sind, und dann vor Schadenfreude kichern oder hämisch lachen dürfen.
Die Neugierde kann höheres Wissen suchen und dann als Wissensdrang, Wissensdurst, Erkenntnisdrang erscheinen. Der elementare Trieb ist der gleiche. Spannung entsteht, wenn man immer wieder Neugierde erweckt und befriedigt. Dabei darf die Neugierde bis kurz vor dem Schluß nicht ganz befriedigt werden, damit die Spannung bleibt.
Ein guter Trick ist, eine frische Neugierde zu wecken, bevor die alte Neugierde ganz befriedigt ist. Bei Fortsetzungsromanen ist es üblich, am Schluß einer Fortsetzung eine frische Neugierde zu erzeugen. Am Ende eines Romans muß jede Neugierde befriedigt sein, sonst bleibt eine Unlust zurück und der Leser ist unbefriedigt und unzufrieden.
Der Wissensdrang will etwas lernen. Er wünscht zu lernen. Er freut sich beim Lernen. Doch nur da, wo die Neugierde geweckt ist, macht das Lernen und Studieren wirklich Freude. Die Vernunft allein läßt beim Lernen keine große Lust aufkommen. Das Thema muß für uns interessant und spannend sein, uns in Staunen setzen, uns wundern lassen, immer wieder neugierig machen, ein Rätsel bringen, raten lassen und wohldosiert und mit *Karezza* belohnende Lust erzeugen.

Neugierde auf *Höheres* nennen wir *Interesse*. Interessant ist, was die Neugierde für irgendein Wissen erweckt und dann lustvoll befriedigt.
Wissen ist für die Menschen ein wertvolles Gut, für manchen begehrter als Reichtum an Geld. Wissen erwerben ist ein elementares Bedürfnis der Menschheit.

- *Der Wissenstrieb mit seiner Neugierde ist eine elementare Funktionseinheit, auch ein Organ unserer Psyche.*

## *22. Eine Ungerechtigkeit schreit nach Ausgleich und Rache*

Der Psychiater Professor Hoche schrieb in einer Arbeit über das Rechtsgefühl in Justiz und Politik: "Was wir in uns selbst wahrnehmen und als inneren Vorgang in anderen Äußerungen und Wirkungen erschließen, wenn wir von Rechtsgefühl sprechen, ist eine mit nichts vergleichbare Gemütserregung, die durch Berührung mit Tatbeständen oder Vorstellungen rechtlicher Art ausgelöst wird. Sie besteht bei denen, die ihr zugänglich sind, in einem Gefühl der Befriedigung, wenn das Recht zur Geltung kommt; in Mißbehagen oder Unlust, wenn es verletzt ist."
Diese von Hoche genannten "mit nichts vergleichbaren Gemütsregungen" konnte die EPS als jedem Menschen angeborene elementare Gefühle erkennen. Die EPS-Hypothesen:

- *Es gibt in jedem Menschen ein ihm angeborenes lustvolles Gerechtigkeitsgefühl und ein polar entgegengesetztes unlustvolles, quälendes Ungerechtigkeitsgefühl.*

- *Diese beiden Gefühle (Emotionen) werden von ganz bestimmten (spezifischen) Schlüssel-Signalen ausgelöst.*

- *Es gibt bei jedem Menschen einen mit diesen beiden Gefühlen arbeitenden Gerechtigkeitstrieb, der eine biologische Aufgabe hat und kategorisch Gerechtigkeit fordert.*

Dieser Gerechtigkeitstrieb, der in der Umgangssprache Gerechtigkeitssinn heißt, kann so stark wie jede andere elementare Triebkraft sein. Bei unzähligen Komplexen und Motivationen ist er im Spiel. Michael Kohlhaas und viele andere Gerechtigkeitsfanatiker sind Beispiele dafür, wie stark dieser Trieb sein kann. Heute heizt er politische Emotionen an. Die fanatischen Demonstrationen in vielen Ländern gegen die Apartheid in Südafrika und der Krieg der amerikanischen Nordstaaten gegen die Südstaaten zur Abschaffung der Sklaverei sind und waren Beispiele dafür, was diese Emotionen des elementaren Gerechtigkeitstriebes alles bewegen können.

Der Gerechtigkeitstrieb setzt sich nicht nur für die eigene Sache ein, sondern auch für das Recht und gegen Ungerechtigkeit ganz allgemein. Wenn wir irgendwo eine Ungerechtigkeit wahrnehmen, gleich ob gegen uns selbst oder gegen andere Menschen, *wallt* es in uns auf. Wir erleben eine deutliche Unlust und Qual.

- *Schlüssel-Signale für das unlustvolle Gefühl der Ungerechtigkeit sind Wahrnehmungen und Vorstellungen von Ungerechtigkeiten und ungerechten Taten.*

- *Als unrecht gefühlt wird vor allem: wenn Personen zu*

*wenig oder zu stark für schlechte Taten und Verbrechen bestraft werden, Leistungen oder gute Taten nicht der Leistung entsprechend belohnt werden, unverdiente Belohnungen ausgeteilt werden, Besitz und Einkommen nicht leistungsentsprechend verteilt sind, wenn durch einen Justizirrtum ein Unrecht geschehen ist.*

- *Schlüssel-Signale für das lustvolle Gefühl der Gerechtigkeit sind Wahrnehmungen und Vorstellungen von gerecht erscheinenden Belohnungen und Strafen.*

*Die von jedem Menschen erstrebte natürliche Gerechtigkeit ist ein biologisch-soziales Ordnungssystem*, in dem Lust und Unlust, Lohn und Strafe nach guten und schlechten Leistungen und Taten für die Gemeinschaft verteilt werden. *Der Gerechtigkeitstrieb hat die Aufgabe, für die Aufrechterhaltung dieser Ordnung zu sorgen.*
Es ist wirklich erstaunlich, woran der Schöpfer des Menschen alles gedacht hat, als er die verschiedenen elementaren Triebkräfte als eigene Organe in die Psyche der Menschen legte. Das Bedürfnis nach Gerechtigkeit ist den Menschen nicht anerzogen worden, sondern ist angeboren. Anerzogen und aufgenommen im Leben des einzelnen sind nur die Vorstellungen von Gerechtigkeit, die der Mensch heute mit dem Schlüssel-Signal-Symbol Gerechtigkeit assoziativ verbunden hat. Dadurch gab und gibt es leider noch viel Verwirrung, zum Teil mit üblen Folgen.
Alle Triebkräfte arbeiten nach dem Prinzip der Lustbelohnung beim Befolgen des Triebwunsches und der Unluststrafe beim Zuwiderhandeln oder Nichtbefolgen. Da jedoch bei der Vielzahl der sich oft widerstrebenden Triebkräfte insgesamt nicht immer das Optimale erreicht

wird, mußte eine zusätzliche Ordnungsmacht in die Psyche eingebaut werden, um das Grundprinzip zum Wohle der Gemeinschaft durchzusetzen. Diese Ordnungsmacht ist unser Gerechtigkeitssinn mit dem kategorischen Imperativ: Lohn nach Leistung, Strafe nach Schaden, Lohn für gute Taten, Strafe für schlechte Taten. Der Gerechtigkeitssinn soll die Durchführung überwachen und garantieren.

Diese Hypothese von mir ist eine mehr philosophische, logische, psychologische Vermutung. Sie wird manchen zu sehr an den Haaren herbeigezogen erscheinen. Ich stelle sie nicht als einen Lehrsatz der EPS vor, empfehle dem Leser aber doch auch darüber nachzudenken. Für mich war dieser Gedanke wieder auf die Frage "wozu?" entstanden. Wozu ist uns der elementare, jedem Menschen angeborene Gerechtigkeitstrieb gegeben?

Mit dem lauten Schrei *Rache* und starken Emotionen in ihrer Brust, exakter gesagt in ihrem Bewußtsein, sind schon *viele mit viel Energie in einen Krieg gezogen oder haben privat zerstörend, plündernd, tötend Rache genommen.*

Rache, Sichrächen kann als ein Ausgleich von Unrecht angesehen werden. Unrecht schreit nach Ausgleich des Unrechts durch Rache, schreit nach Vergeltung. Wie du mir, so ich dir!

Rache erzeugt jedoch meist neues Unrecht, das wieder neue Rachegelüste erzeugt. Es ist eine Kette ohne Ende. Zum Racheverlangen treten oft noch andere Gefühle, wie Habgier, Neid, Schadensfreude, Wut und Haß. Dann ist der Teufel los.

Ein EPS-Psychoanalytiker kann untersuchen und finden, was die wahren Ursachen solcher Aggressionen jeweils sind, welche einzelnen Triebkräfte beteiligt sind und wodurch diese aktiviert wurden. Er kann dabei die wahren Ursachen von Rassenhaß, Klassenhaß, Ideologienhaß, Terror und anderen Aggressionen finden. Auch kann er zuweilen feststellen, daß nur eine falsche Vorstellung von Gerechtigkeit als Schlüssel-Signal die Ursache der Aggressionen war oder ist. Eine Korrektur des Signal-Begriffes kann dann heilend wirken und Frieden stiften. Haben das unsere Friedensforscher schon einmal untersucht?

## *23. Neid, Eifersucht, Schadenfreude*

Über das Gefühl Neid hat Professor Helmut Schoeck ein ausgezeichnetes 410-Seiten-Buch geschrieben (Der Neid. Verlag Alker, 1966). Es ist eines der wenigen guten Lehrbücher, die es über Gefühle gibt. Nur noch über das Gefühl Wollust und die Gefühle des Nahrungstriebes existieren genaue Beschreibungen, vor allem der reizauslösenden Schlüssel-Signale. Für diese Gefühle gibt es massenhaft Bücher und Anleitungen zum Genießen der Lust. Für die anderen elementaren Gefühle und Triebkräfte, die ebenfalls im privaten, wirtschaftlichen, sozialen und politischen Leben eine große Rolle spielen, findet man nur recht vage Vermutungen. Aufgaben der Gefühle werden geleugnet. Die Gefühle selbst werden meist nur als eine Art Träumerei angesehen.
Professor Schoeck hat den Neid, seine Ursachen und seine Auswirkungen naturwissenschaftlich dargestellt und dabei gezeigt, wieviel man über ein elementares Gefühl aussagen kann. Über jedes einzelne elementare Gefühl könnte und sollte ein Buch geschrieben werden. In diesem Buch muß ich mich darauf beschränken, die Gefühle, ihre

Aufgaben und ihre Funktionsgesetze so kurz wie möglich darzustellen. Über den Neid sagt die EPS kurz, einfach und schlicht:

- *Die Gefühle Neid und Schadenfreude gehören als Unlust und Lust zu einer elementaren Funktionseinheit, zu einer Triebkraft, die noch keinen Namen erhalten hat.*

- *Schlüssel-Signale für das Gefühl des Neides sind Wahrnehmungen und Vorstellungen, die uns zeigen, daß andere mehr haben, können, gelten, sind, schneller vorankommen, auf der Stufenleiter des Erfolges und Glückes höher stehen als wir selbst.*

- *Schlüssel-Signale für das lustvolle Gefühl der Schadenfreude sind Wahrnehmungen und Vorstellungen, die uns zeigen, daß andere weniger haben, können, gelten, sind, langsamer weiterkommen, daß sie auf der Stufenleiter des Erfolges, der Wunscherfüllung und des Glücks tiefer stehen als wir selbst, daß sie herunterfallen oder herunter geholt werden.*

Diese Formulierungen zeigen, daß die Umkehrung der Signal-Begriffe von negativ auf positiv im Sinne des Triebes eine Änderung der Gefühle von Unlust auf Lust bewirkt. Dasselbe fand die EPS bei einer ganzen Reihe der von ihr beschriebenen elementaren Mechanismen der Psyche. Auch das beweist die Zusammengehörigkeit von jeweils zwei Gefühlen in einer Funktionseinheit (FE).
Die Signale der Schadenfreude lösen reflektorisch häufig ein Lachen aus. Meistens sind Wahrnehmungen und Vorstellungen, daß andere zurückgeblieben sind, sich blamie-

ren, Dummköpfe und Tölpel sind, etwas verwechseln, stolpern und fallen das, was uns zum Lachen reizt. Da können wir durch einen Urinstinkt schadenfroh lachen. Viele Witze benützen diese Reaktion, damit sie witzig wirken. Im Zirkus müssen Clowns dumm, mißgebildet, geistig zurückgeblieben sein, stolpern oder in eine falsche Richtung laufen, geohrfeigt oder beschimpft werden, damit die Zuschauer lachen können.

Ein quälendes Gefühl ist die *Eifersucht.* Die EPS meint, daß sie keine eigene elementare Emotion ist, sondern Neid in einer bestimmten Situation.

Der Eifersüchtige will in der Liebe oder Achtung beim Geliebten auf oberster Stufe stehen. Er befürchtet ständig, durch einen tatsächlichen oder vermeintlichen Konkurrenten um diesen Platz gebracht zu werden. Neid auf diesen Konkurrenten und dazu Angst, diesen Platz oder Liebe zu verlieren, geben zusammen das Erlebnis der Eifersucht.

Der klassische Fall für den Psychotherapeuten ist der neurotisch oder kriminell gewordene Erwachsene, der als Kind erlebte, daß von seinen Eltern ein anderes, z.B. ein erstgeborenes Geschwister, vorgezogen wurde. Freuds Psychoanalyse führt dessen Leiden auf einen in der Kindheit frustrierten Sexualtrieb zurück. Kastrationsangst, Penisneid, Ödipuskomplex dürften jedoch eine Seltenheit sein. Adlers Lehre der Individualpsychologie meint, in solch einem Fall sei der Machttrieb des Kindes gekränkt worden und der Komplex-Kranke wolle diesen nun durch einen erhöhten Machtanspruch und eine Verminderung seines Gemeinschaftssinnes überkompensieren. Der Machttrieb spielt im sogenannten Trotzalter (Ende des dritten und Beginn des vierten Lebensjahres) eine große

Rolle, bevor eine vernünftige soziale Einordnung gelungen ist. Die EPS stellt die viel einfachere Hypothese auf und zur Diskussion: Was ein zurückgesetztes Kind krank macht, was es quälen, was es zur Neurose, sogar zum Haß und zum Bösen bringen kann, ist Neid in der Abart der Eifersucht. Wenn Eltern das Gesetz des Neides kennen, werden sie das Auftreten dieser Qual verhindern können. Sie werden ihr Kind von neidauslösenden Schlüssel-Signalen bewahren.

Der Wunsch des Kindes, von den Eltern geliebt zu werden, hat auch nichts mit seinem Sexualtrieb zu tun. Das Kleinkind hat ein starkes Verlangen (Bedürfnis) geliebt zu sein, weil ihm die Liebe der Eltern Schutz und Geborgenheit gibt, wenn es sieht, daß es geliebt wird. Geliebtsein hebt das Selbstwertgefühl und macht stolz. Aus diesem Grund wacht es eifersüchtig darüber, daß kein anderer in all dem vorgezogen wird.

Auf die Frage, wozu die Menschen den Neid erhalten haben, kann ich nur Vermutungen anstellen. Vielleicht konnten vor hunderttausend Jahren Familien und Stämme besser überleben, wenn die bei der Jagd oder sonst zu kurz Gekommenen denen, die mehr hatten, etwas wegnahmen. Ein eigener Trieb mußte sie dazu besonders antreiben. Neid als Anreiz und Schadenfreude als Belohnung konnten zu einem solchen lebenserhaltenden Handeln eine nützliche Antriebskraft sein. Ich stelle diesen Gedanken nicht als eine Hypothese der EPS vor, sondern wollte nur zeigen, daß man bei noch vorhandenen angeborenen Verhaltensweisen, die heute nicht mehr positiv nützlich sind, darüber nachdenken kann und soll, wozu sie entstanden sind.

Der Neid ist heute die Ursache von viel Bösem. Der Neid

ist ein Teufel, dessen Kraft man kennen muß, wenn man das Böse verhindern will.

- *Der Neid erzeugt auch die Mißgunst. Der Neidische mißgönnt anderen ihren Besitz und ihr Glück.*

Mißgünstige Menschen sind stets neidische Menschen. Die Qual ihres Neides wird ihnen jedoch zur Strafe für ihre Mißgunst.
Neid, Eifersucht, Mißgunst, Geiz, Haß und viel Ärger schaden der Gesundheit. Bleiben diese Gefühle fixiert, sind sie eine Krankheit. Sie vergiften die Psyche, stehlen viele mögliche Freuden. Eine EPS-Psycho-Analyse kann versuchen, diese Krankheit zu heilen. Der Patient muß das Gesetz seiner ihn krankmachenden Gefühle kennen lernen, den Unsinn ihrer unvernünftigen Fixierung einsehen und dann versuchen, sich daraus zu befreien. Ein Psychotherapeut muß ihm dabei helfen.
Mitfreude statt Neid! Sich mit Glücklichen mitfreuen statt bei den Gedanken an diese an der Qual des Neides krank sein! Das ist eines meiner Rezepte. Es gelingt jedoch nicht jedem sogleich, diesem Rat zu folgen. Es gibt Menschen, die kaum Neid fühlen. Bei anderen jedoch gehören Neid und Mißgunst zu ihrem Charakter. Psychotherapeuten, Pädagogen und Kindergärtnern empfehle ich darüber nachzudenken, wie man die Prägung eines solchen für das Kind selbst und für seine Mitmenschen schädlichen Charakters vermeiden kann.
Der Neid hat schon sehr viel Schaden angerichtet. Er war eine Hauptantriebskraft des Kommunismus. Heute weiß man, daß die totale Egalisierung, die der neidangetriebene Kommunismus verlangte, weder den Reichtum noch

das Glücklichsein der egalisierten Bürger gefördert hat. Viele elementare Triebkräfte brauchen zu ihrer Entfaltung und zum Erleben ihrer Freuden die Verschiedenheit der Menschen.

### *24. Was ist und wie funktioniert unser Geist?*

Die von mir schon dargestellten elementaren Triebkräfte, die ich auch Organe der Psyche oder Funktionseinheiten nannte, gehören zu dem Teil unserer Psyche, der in einigen psychologischen Lehren als das Es bezeichnet wird, dem ein Ich oben aufgesetzt ist. Das Es, so heißt es, macht das Wollen, erzeugt die primitiven Wünsche des Menschen, ist das Unterbewußte. Das Ich aber kann entscheiden. Es produziert den Willen, der sich gegen das primitive Begehren (Wollen) durchsetzen kann, nicht immer durchsetzt, doch meist die letzte Entscheidung trifft.

Ich habe die elementaren Triebkräfte als die Hauptantriebskräfte unseres Wollens, Begehrens und Handelns herausgestellt. Es blieben dabei noch die Fragen unbeantwortet:

Was ist das Ich? Was ist unser Verstand? Was ist unser Geist?

Der Geist ist es, der uns Menschen über das Tier, das nur direkt-instinktiv auf die Wahrnehmungen aus seiner Umwelt reagiert, erhebt. Der Geist hat unsere Zivilisation, die Kultur, die Kunst, die Technik, die Gesellschaftsformen und die von Menschen konstruierten Gesetze geschaffen. Der Geist ist es, der unsere Zukunft gestaltet, der uns zu einem Krieg oder den anderen drohenden Katastrophen hinführen oder uns vor solchen bewahren

kann. Was ist dieser Geist? Woraus besteht er? Wie funktioniert er?
Stellen Sie sich bitte zuerst einmal selbst diese Fragen, bevor Sie weiter lesen! Fragen Sie Ihre Bekannten und Freunde! Sie werden staunen, welche Antworten Sie erhalten werden. Lesen Sie auch in einem großen Lexikon nach! In dem *Lexikon der Psychologie* in drei Bänden (Herder-Verlag) ist der Begriff *Geist* überhaupt nicht aufgeführt.
Um den Körper des Menschen, seine Seele und seinen Geist kennenzulernen, studierte ich Medizin, Psychologie und Philosophie, war sogar als Hirnchirurg tätig und habe die Fachausbildung als Psychiater absolviert. Auch mit der Parapsychologie und den Religionswissenschaften habe ich mich befaßt. Bei der Bearbeitung dieses Textes über den Geist habe ich unter den auf der Frankfurter Buchmesse ausgestellten 250.000 Büchern gesucht, was über den Geist geschrieben wurde. Ich fand jedoch nur einiges über den Heiligen Geist und über eine nicht-materielle ätherische Masse, die zur Erleuchtung geführt werden könne, wenn wir durch Fasten, Yoga, Meditation, Konzentration Kontakt mit ihr finden, was jedoch nur wenigen gelingt. In Gruselromanen und Kinderbüchern kam noch ein Geist als ein meist mit einem Nachthemd bekleidetes Gespenst vor. Von Professor Ditfurth erschien 1976 ein Buch mit dem Titel *Der Geist fiel nicht vom Himmel* (Hoffmann und Campe, 1976). Es zeigte die Entwicklung der Lebewesen und des Gehirnes auf der Erde in etwa zwei Milliarden Jahren. Als das beste Buch im englischen Sprachbereich über den Begriff 'Geist' wurde ein Buch des amerikanischen Philosophie-Professor Ryle mit dem Titel *Der Begriff des Geistes* (Reklam, Stuttgart, 1969)

empfohlen. Ich las es. Im wesentlichen sagte der Autor auf 462 Seiten, daß "Geist" nur ein Begriff, ein Wort sei und daß es etwas Reales, was man als Geist bezeichnen könne, nicht gäbe.
Für die Elementar-Psychologie will ich den *Geist* als etwas darstellen und definieren, das es real gibt, das naturwissenschaftlich beobachtet werden kann, das auch mit dem übereinstimmt, was unsere kluge Sprache unter Geist versteht, wenn sie die Worte *geistreich, geistlos, Zeitgeist, geistbildend* gebraucht.

- *Der Geist eines Menschen ist der Schatz (Vorrat) an Vorstellungen, Wissen, Erfahrungen, welcher, ihm aufbewahrt in seinem Gedächtnis, für sein Denken und Handeln zur Verfügung steht.*

Neben diesem Geist der Einzelmenschen gibt es auch noch andere "Geister", so den Sportgeist, den Zeitgeist, den Geist einer Religion oder Ideologie. Auch bei diesen Geistern handelt es sich um etwas Reales, um Komplexe von Vorstellungen, die für bestimmte Gruppen von Menschen und Gesellschaften wirksam werden und wesentlich ihr Leben, ihr Handeln, ihre Kultur, ihre Bauweisen, ihr Denken, Wünschen und Verhalten in ihrer Gruppe bestimmen. Dieser Gruppengeist kann sie zu friedlichen Bürgern oder zu Terroristen machen.
Der Zeitgeist enthält die Vorstellungen, die in einer bestimmten Zeit besonders bewußt gemacht werden. Sportgeist enthält die Vorstellungen, welche Fußballer, Tennisspieler oder Reiter beachten sollen.
Die EPS will einen Geist erarbeiten und verbreiten, der zu einem besseren und exakteren Wissen über die Reak-

tionen der Psyche und über die Beweggründe menschlichen Handelns führen kann.
Die Software Geist, mit der unser Gehirn-Computer Psyche gefüttert wird, ist auch verantwortlich für das, was sich durch feste Assoziationen mit den Schlüssel-Signalen verbindet und dann mit diesen wirksam wird.
Wir leben im Zeitalter der Computer. Schon Schulkinder lernen mit ihnen umzugehen und sie zu gebrauchen. Deshalb will ich die Psyche und den Geist hier auch in der Computer-Sprache erklären:

- *Das uns Menschen angeborene Organ Psyche mit seinen Unterorganen, den elementaren Triebkräften und Gefühlen, ist die Hardware des wunderbar zweckmäßig eingerichteten und zielstrebigen Computers Psyche. Der Geist ist die Software, ohne die kein Computer eine nützliche Arbeit ausführen kann.*

Es wurde festgestellt, daß Kinder, die unter Wölfen oder Affen aufgewachsen waren, ohne von einem anderen Menschen Geist empfangen zu haben, ein normales Gehirn und das gleiche allen Menschen angeborene Organ Psyche besaßen, jedoch geistlose Menschen waren, die sich wie Tiere oder Idioten benahmen. Ihre Psyche hatte keinen Geist aufgenommen, ihn nicht erhalten. Ihr Computer war ohne eine geeignete Software ein miserabler Computer. Ein hochentwickeltes Gehirn, der Verstand, die Logik nützen solchen Menschen nicht viel, weil sie nichts zu verarbeiten haben, da ihnen eben der Geist fehlt. Die Werkstätte des Geistes, das Gehirn ist zwar vorhanden, doch es fehlt an Informationen und Daten, die in dieser Werkstätte verarbeitet werden können.

Das Gehirn, in dem die Psyche untergebracht ist, arbeitet als Computer mit Billionen Zellen und Milliarden Nervenkabeln. Bei jeder Wahrnehmung und jedem Gedanken sind mehr Zellindividuen als Mitarbeiter beteiligt als es Menschen auf der Erde gibt. Diese ganze wunderbare Millionenarbeit geschieht unterbewußt, noch ohne Beteiligung der mit dem Bewußtsein arbeitenden Psyche. In diese wird erst das Endprodukt der vom Unterbewußtsein produzierten Vorarbeit geliefert, z.B. ein Bild, das wir sehen, ein Wort, das wir hören, eine fertige Vorstellung, ein Gedanke, ein Gefühl, ein Wunsch. Aus hunderttausend Farbreizen, die auf die Netzhaut des Auges treffen, macht das Unterbewußtsein bzw. der nicht bewußt werdende Teil unseres Gehirns nur wenige *Gestalten*, die von der Psyche bewußt wahrgenommen werden und von ihr verarbeitet werden müssen. Aus Millionen chemischen und elektrischen Vorgängen in den Hirnzellen wird in der Psyche ein Gefühl.

Nicht die Millionen Vorgänge im Gehirn und im Unterbewußtsein muß die Psyche bewußt erfassen und als Schlüssel-Signale annehmen, sondern nur das schon vorbereitete Ergebnis. So wird die Arbeit der Psyche erleichtert und auch erkennbar. Denken wir daran, daß die Psyche nur das Organ ist, das unser bewußtes Handeln steuern muß.

Für diese Aufgabe muß die Psyche viel tun. Dies kann von uns beobachtet werden. Wir erleben es ja bewußt. Deshalb kann es auch exakt und naturwissenschaftlich untersucht und beschrieben werden.

Die Psyche als das Organ des Menschen, das mit dem Bewußtsein arbeitet und alles steuert, was wir bewußt tun, das ist Gegenstand der EPS und meiner Hypothesen.

## 25. *Was ist und wie funktioniert der Verstand?*

Unser Organ Psyche enthält noch mehr Unter-Organe als nur die elementaren Triebkräfte. Sie besitzt auch einige Fähigkeiten und das Gedächtnis zur Speicherung des Geistes.
Über die Merkfähigkeit kann die EPS nichts Neues sagen. Sie ist bekannt und Gegenstand der Lern-Psychologie. Nicht jede Wahrnehmung soll im Gedächtnis bleiben. Das wäre unvorteilhaft. Millionen unwichtige Wahrnehmungen würden unser Gedächtnis überlasten und die Denkarbeit unrationell machen. Deshalb richtete die Natur es so ein, daß im Gedächtnis am besten bleibt:

1. Was mit besonderer, bewußter Aufmerksamkeit wahrgenommen wird,

2. Was wiederholt wahrgenommen wird, weil davon zu erwarten ist, daß dies im Leben eine wichtige Rolle spielt.

3. Was mit starken Emotionen wahrgenommen wird, also für die elementaren Bedürfnisse wichtig ist.

4. Was mit schon vorhandenen Vorstellungen in bedeutsamer Assoziation steht.

Zum Gedächtnis gehört die Reproduktion. Ein Buch in einer Bibliothek ist zwecklos, wenn es nicht zum Gebrauch hervorgeholt werden kann. Das gleiche gilt für das Gedächtnis. Speichern, parat haben und sofort bei Bedarf ins Bewußtsein bringen, das ist die gesamte sinnvolle Ge-

dächtnisfunktion.
Die Reproduktion von im Gedächtnis ruhenden Vorstellungen kann langsam-träge oder schnell-lebendig vor sich gehen. Übung, Veranlagung, Begabung und die augenblickliche Disposition (Frische, Wachheit, Vitalität) spielen dabei eine Rolle. Die Qualität der Reproduktion hängt davon ab, womit wir unseren Geist gefüttert haben. Nur was wir in ihn hineinbrachten, kann wieder herauskommen, wie bei einem Computer.
Die Natur hat unserem Gehirn und Geist die wunderbare Fähigkeit des Katalogisierens geschenkt. Erst dadurch wurde Geistarbeit rationell. Erst dadurch, daß wir eine Hierarchie von Begriffen besitzen und das Gehirn Vorstellungen damit ordnet, können wir rationell denken. Zu dieser Ordnung verhilft auch unsere Sprache. Die Hierarchie der Begriffe, Unterbegriffe, Oberbegriffe ermöglicht dem Gehirn, viele Wahrnehmungen und Vorstellungen in einem Begriff zu sammeln. Tausend einzelne gesehene oder gedachte Häuser werden im Begriff *Haus* zusammengefaßt. Assoziieren wir dadurch die Erfahrung *Haus schützt vor Unwetter*, so wissen wir das zugleich für alle Häuser. *Rose* ist Sammelbegriff für alle Rosenarten, *Blume* ist ein Oberbegriff, der alle Blumen, wie Rosen, Veilchen, Astern sammelt. *Pflanze* wiederum ist der Oberbegriff über *Blumen*. Was man von der Pflanze weiß, trifft für alle Blumen, Bäume, Sträucher zu.
Denken wir als Beispiel nur an eine ungeordnete Bibliothek. Für jeden gesuchten Titel brauchen wir Tage, in einer geordneten Bibliothek Minuten. Erst neuerdings machen es Computer möglich, Publikationen über bestimmte Themen und Fragen in Sekunden zu finden. Unser Gehirn konnte das schon lange.

Diese ganze sinnvolle Ordnung ist teils durch das Gehirn, teils durch die Begriffe der Sprache gegeben. Die Güte der Begriffe des Geistes entscheidet, ob wir richtig oder falsch denken und handeln. Falsche, unvollkommene, ungenaue Begriffe müssen zum Fehldenken und zu Fehlhandlungen führen. Deshalb ist es sehr wichtig, alle Begriffe exakt zu definieren.

Die Fähigkeit, etwas im Gedächtnis zu behalten, heißt Merkfähigkeit. Die Fähigkeit, etwas aus dem Gedächtnis in das Bewußtsein zu holen, nennt man Reproduktionsfähigkeit. Eine weitere Fähigkeit der Psyche ist die Kombinationsfähigkeit. Diese bewirkt die eigentliche kreative, schöpferische Leistung der Menschen. Sie macht Erfindungen, Musik-Kompositionen, Kunstwerke, wissenschaftliche Entdeckungen, Bauwerke, wirtschaftliche und politische Planungen möglich. Sie wird aber auch bei unserem alltäglichen Denken und Handeln gebraucht.

Das Kombinieren ist ein einfacher Vorgang.

Zwei Aussagen, die man Prämissen nennt, sind z.B.: Die Blume ist eine Pflanze; Pflanzen brauchen Wasser; Schluß: Blumen brauchen Wasser. Eis ist glatt. Auf der Straße liegt Eis. Also ist die Straße heute glatt, rutschig, gefährlich. Die Kombination eines Arztes: Digitalis hilft bei Herzschwäche. Dieser Patient hat Herzschwäche. Also hilft dem Patienten Digitalis.

Unsere kluge Sprache leitet das Wort *Verstand* von Verstehen ab. Unser Verstand läßt uns etwas verstehen, begreifen, mit der Kombinationsfähigkeit folgern. Zum Verstand rechnet man und rechne ich in der EPS auch noch zwei sehr wesentliche Funktionen der Psyche:

die Logik und die Vernunft. Diese Funktionseinheiten sind für die EPS ebenfalls elementare Triebkräfte.

Wille, Logik und Vernunft sind im wesentlichen das, was man *Verstand* nennt oder als die *Aufsichtsbehörde* bezeichnet. Diese drei FE gehören zu dem, was man als das *Ich* ansieht, das über dem *Es* der vielen angeborenen Triebkräfte als frei entscheidender Feldherr steht und die oberste Befehlsgewalt hat.

### *26. Die Logik*

Zu den besonderen Fähigkeiten, die den Menschen weit über das Tier erheben, gehört das Denken. Und zu diesem Denken haben und brauchen wir das, was man die Logik nennt. Über diese gibt es eigene Wissenschaften, wie z.B. die Semantik und die Linguistik. Für diese Logik, die auch ein Teil unseres Verstandes ist, liefert die EPS Hypothesen, in denen die Logik sehr einfach dargestellt und beschrieben wird.

- *Die Logik ist eine der Funktionseinheiten der Psyche, eine echte, elementare Triebkraft mit einer Aufgabe und zwei Gefühlen, einer quälenden, treibenden Unlust und einer belohnenden Lust.*

- *Schlüssel-Signale für die Auslösung der Unlust sind Wahrnehmungen und Vorstellungen eines Widerspruches. Das wohltuende Lustgefühl entsteht bei der Aufdeckung eines Irrtums, der Behebung eines Zweifels, dem Auffinden einer neuen Wahrheit durch einen logischen Schluß.*

Die Arbeit der Logik ist leicht zu verstehen, weil sie einfach abläuft. Treten beim Denken zwei Vorstellungen in das Bewußtsein, wobei eine aussagt, daß etwas ist, die

andere, daß es nicht so ist, dann zwickt uns das Widerspruchsgefühl und wir müssen denken: es kann nicht etwas sein und gleichzeitig nicht sein. Also stimmt etwas nicht. Wir lassen neue Aussagen darüber kommen, holen sie aus unserem Gedächtnis oder suchen sie in einer Bibliothek, bis eine der beiden Aussagen bestätigt wird. Der Widerspruch ist beseitigt. Die Wahrheit ist vorerst gefunden. Ob sie die endgültige Wahrheit ist, das zu ergründen ist eine Angelegenheit exakteren Forschens.
Den Logikablauf erkläre ich auch noch mit in der Philosophie gebrauchten Worten:
Eine Hypothese ist eine einfache Aussage, eine Behauptung, eine Vermutung, ein Glaube. Eine Antithese ist eine der Hypothese widersprechende Aussage und Behauptung. Hypothese und Antithese ergeben einen Widerspruch. Es werden weitere Hypothesen gesucht, bis eine entweder den Widerspruch und damit einen Irrtum bestätigt oder die erste Hypothese und damit ihre Wahrheit.
Die beiden Gefühle der Logik, die jeder bei sich beobachten kann, haben leider, wie auch einige andere elementaren Gefühle, noch keinen eigenen Namen erhalten. Das uns quälende Gefühl bei der Wahrnehmung eines Widerspruchs erleben wir auch bei einem Zweifel. Dieser tritt auf, wenn wir nicht genau wissen, welche von zwei sich widersprechenden Behauptungen, Annahmen oder Voraussagen die richtige ist. Wird der Zweifel behoben, dann atmen wir auf, befreit von der Unlust des Zweifels. Wir sind lustvoll angenehm berührt und werden mit diesem Gefühl für das Finden der Wahrheit belohnt. Wir sagen dazu vielleicht sogar: Gott sei Dank, nun weiß ich es, weiß, was wirklich ist oder weiß, was wirklich sein wird. Ich kenne jetzt die Wahrheit.

- *Die Aufgabe dieser elementaren Triebkraft ist: Irrtümer aufzudecken und die Wahrheit zu finden.*

Ich persönlich glaube und halte es für sehr wahrscheinlich, daß wir Menschen die Logik für diese Aufgabe erhalten haben, bzw. daß sie sich dafür in der Evolution entwickelt hat. Wir können die Logik zu den *höheren* Triebkräften zählen, die uns sinnvoll, nützlich und zweckmäßig durch unser Leben steuern sollen.
Weil wir uns durch Irrtümer verirren, weil Fehlinformationen zu einem Fehlhandeln führen und weil wir auf Lügen und Irrtümer nichts Gutes aufbauen können, war eine solche Triebkraft notwendig. Zufall und Notwendigkeit: Dadurch entwickelt sich nach der Evolutionslehre alles in den Lebewesen. Hat diese Evolution oder ein Gott unsere wunderbaren höheren elementaren Triebkräfte geschaffen, weil sie zum Überleben notwendig waren? Oder hat ein Gott sie für noch größere Zukunftsaufgaben uns Menschen gegeben? Immer wieder berührt uns diese Frage.

## *27. Glaube und Wissen*

Die Logik ist uns zum Auffinden der Wahrheit gegeben. Was ist die Wahrheit? Wenn ich versuche, aus der Psychologie eine Naturwissenschaft zu machen, wenn ich meine Hypothesen dem Leser meines Buches und den Experten auf dem Gebiet der Medizin, der Psychologie und Philosophie zur Begutachtung vorlege, dann soll auch das dem Auffinden der Wahrheit dienen. Sie sollen und können mithelfen, die Wahrheit zu finden. Den Mitdenkern muß ich auch meine Ansicht, meine Vermutung, meine Hypothese dazu vorlegen, was *Glaube und Wissen*

ist, was ich unter diesen Begriffen verstehen will.
Wenn die EPS eine Naturwissenschaft sein soll, muß jeder Begriff exakt definiert werden. Sonst redet man bei Diskussionen aneinander vorbei. Ich definiere also:

- *Glauben ist ein Fürwahrscheinlichhalten. Wissen ist ein So-gut-wie-sicher-wissen.*

Diese Definition soll nur für die EPS gelten. Sie berührt einen religiösen Glauben nicht.
Auch hier hilft uns wieder einmal unsere kluge Sprache weiter. Sagt man *ich glaube fest, daß...*, so meint man, daß man es für sehr wahrscheinlich hält. Sagt man, *ich kann es kaum glauben*, dann hält man es für nur wenig wahrscheinlich. Sagt man, *ich weiß*, dann weiß man es sicher oder glaubt, daß man es so gut wie sicher weiß.
In diesem Buch biete ich meine Hypothesen der EPS dem Logik-Organ der Leser zur Verdauung an. Jetzt z.B. meine Hypothese über die Aufgabe der Logik. Alle meine Hypothesen müssen von der Logik der Leser erst verdaut werden. Bei manchen Lesern mit einem einfachen gesunden Menschenverstand und einer guten Beobachtungsgabe, werden die meisten meiner Hypothesen glatt durchgehen. Doch bei anderen, vor allem bei studierten Psychologen, wird es einige Verdauungsschwierigkeiten und Zweifelsqualen geben. Sie werden viele meiner Hypothesen mit einem Triumpfgefühl und dem Lustgefühl ihrer Logik zuerst einmal widerlegen, weil sie ja ganz andere Lehrsätze viele Jahre lang in ihren Geist aufgenommen hatten.
In diesem Buch biete ich dem Logik-Organ der Leser viele Hypothesen zur logischen Verarbeitung an. Der einfache,

normalgebildete und an den Funktionen seiner Psyche interessierte Leser und mündige Bürger kann bei diesen Hypothesen neue Erkenntnisse sehen, die seine Neugierde lustvoll staunen lassen und ein lustvolles Interesse erwecken. Dann wird seine Logik die meisten meiner Behauptungen schnell mit seiner Lebenserfahrung vergleichen und akzeptieren. Einige lassen noch Zweifel bestehen, die vorerst in Kauf genommen werden.

Biologen, Mediziner, Psychiater sind mit den meisten Lehrsätzen der EPS einverstanden, weil sie ja so naturwissenschaftlich denken gelernt haben wie ich, der Autor der EPS. Ich beobachtete das bei vielen Diskussionen.

Manche meiner Lehrsätze erscheinen dem normalen Leser und Medizinern so einleuchtend, daß sie meinen: "Das ist doch selbstverständlich so. Das weiß doch jeder." Sicher kann das jeder wissen, weil er es ja täglich bei sich und seinen Mitmenschen so beobachten kann. Kurios und unverständlich ist, daß es die meisten Psychologen nicht wissen, und daß dies alles in ihren Lehrbüchern völlig anders und viel komplizierter beschrieben ist, recht nebulös statt einfach und klar und daß es so kompliziert und ebenfalls nebulös, undurchsichtig den Psychologiestudenten gelehrt wird.

Schul-Psychologen und Psychotherapeuten der verschiedenen Schulen fanden in meinen Hypothesen viele Widersprüche.

Viele meiner Hypothesen gingen ihnen gegen den Strich, wie man sagt. Das war ganz natürlich und zu erwarten, denn sie hatten bei ihrem Studium sehr viele Lehrsätze der Psychologie in ihren Geist aufgenommen, die vielen Hypothesen der EPS widersprechen. Da sie jedoch auf Universitäten gelehrt werden und in den Lehrbüchern der

Psychologie abgedruckt sind, gelten sie als *die Wahrheit*, als das feste derzeitige Wissen. Mit diesen für sie gültigen Wahrheiten können sie meine noch nicht allgemein anerkannten Hypothesen leicht widerlegen. Sie lassen sich nur schwer davon überzeugen, daß es auch anders sein kann und daß ihr erstes Urteil, ihre Verurteilung vielleicht nur ein Vorurteil, ihr Glaube möglicherweise ein Aberglaube ist.

Bei den strengen Naturwissenschaftlern unter den Psychologen war es wieder anders. Für sie gilt nur als Wahrheit und bewiesen, was digital, d.h. in Zahlen feststellbar, meßbar ist. Emotionen und Vorstellungen, die in unserem Bewußtsein erscheinen, lassen sich jedoch nicht messen. Sie gelten als subjektiv, nicht objektiv. Da gibt es also auch Schwierigkeiten, hier bei der Anerkennung naturwissenschaftlicher Beweisbarkeit der EPS. Auch durch dieses Denken, d.h. durch die Einengung der Naturwissenschaft auf das Messbare und das als Materie sichtbare, ist die Psychologie heute in eine Sackgasse des Denkens geraten. Deshalb empfehle ich:

Wir müssen neu denken. Ein neues Zeitalter mit einem neuen Zeitgeist braucht vor allem ein neues Denken. Die EPS zeigt, daß für den Menschen die Gefühle das Wichtigste sind, für sein Wohlbefinden und für sein Handeln. Wir müssen deshalb auch die Gefühle als Realitäten sehen. Sie sind es, weil jeder Mensch sie erleben kann. Diese Gefühle folgen beweisbaren Naturgesetzen, weil jeder beobachten kann, daß sie bei jedem Menschen regelmäßig auftreten. Ich empfehle: dies einfach einmal zu akzeptieren. Ich empfehle den Psychologen ganz einfach einmal versuchsweise so weiterzudenken, als ob es so ist, wie es die EPS aussagt. Sie werden überrascht sein, wie frei sie dann plötzlich denken und dann wirklich finden können, ob die vorläufigen Hypothesen der EPS mit der Wirklichkeit übereinstimmen oder korrigiert werden müssen.

### 28. *Die Vernunft*

Was ist die *Vernunft*? Im Großen Duden-Lexikon steht: "Die Kraft des menschlichen Geistes im Gegensatz zur Sinnlichkeit .... seit Kant: das obere Erkenntnisvermögen."
Im Lexikon der Psychologie heißt es: "Philosophischer Begriff, gleichbedeutend mit Einsicht, Besonnenheit."
Sagt man nicht, daß die Vernunft den Menschen über das Tier erhebt? Auch mit diesem Spruch versuchen wir uns über das Tier erhaben zu fühlen. Dabei gibt es kaum ein Lebewesen, das so unvernünftig handelt wie der Mensch, der zur Zeit sich selbst und die Natur vernichtet. Was ist also diese Vernunft? Wissen die Philosophen und Psychologen, was das ist, wovon man so viel spricht?
Eine der gewagten Hypothesen der EPS ist:

- *Die Vernunft gehört ebenfalls zu den elementaren Triebkräften und Funktionseinheiten der Psyche. Die Vernunft treibt uns dazu, das Zweckmäßige zu tun und etwas uns unzweckmäßig Erscheinendes nicht zu tun.*

- *Auch die Vernunft hat zwei Gefühle, eine drängende Unlust und eine belohnende Lust. Auch sie ist ein zielstrebiger Mechanismus. Auch die Vernunft hat eine Aufgabe und ein Ziel.*

Das Organ Vernunft ist für unser Handeln und Planen

eine bedeutende Kraft. Die Vernunft hat also alle Merkmale einer elementaren Triebkraft. Weil sie als eine solche noch nicht anerkannt wurde und ihre Gefühle noch nie exakt beschrieben wurden, haben ihre elementaren Emotionen auch noch keinen Namen erhalten, obwohl sie jeder Mensch fast täglich erleben und fühlen kann.

- *Die Vernunft wählt das Zweckmäßige und vermeidet das Unzweckmäßige, wie der Nahrungstrieb das Eßbare vom Ungenießbaren scheidet, der Sexualtrieb den gegengeschlechtlichen Partner sucht und das Gewissen bemüht ist, uns das Gute und nicht das Schlechte tun zu lassen. Bieten zwei antagonistische Triebe zwei verschiedene Motive an und wollen Entgegengesetztes, schlägt sich die Triebkraft der Vernunft der Triebseite zu, deren Motiv ihr zweckmäßiger erscheint.*

- *Müssen wir Unzweckmäßiges, Unvernünftiges, Sinnloses tun, so widerstrebt uns das. Es ist uns unangenehm.*

- *Schlüssel-Signale für die Unlust dieser FE sind Wahrnehmungen und Vorstellungen von etwas Unzweckmäßigem, das wir auch als etwas Unvernünftiges sehen.*

Unsere Sprache bestätigt die richtige Darstellung der Vernunft durch die EPS. Gibt man einem Angestellten eine Arbeit, die ihm unzweckmäßig erscheint, so wird er sie mit mehr Unlust tun, als wenn er das Zweckmäßige und Vernünftige seiner Arbeit einsehen kann. Das letztere bringt ihm einen Lustgewinn.

- *Lust-Signale für die Vernunft sind Wahrnehmungen und*

*Vorstellungen, die uns zeigen, daß etwas oder eine Tat zweckmäßig ist.*

Ist es nicht wieder ein Wunder, daß wir auch einen so besonders vernünftigen Trieb für unseren Verstand erhalten haben? Nur leider wenden wir ihn sehr oft recht unvernünftig an, weil wir nicht erkennen, wofür er sich zweckmäßig auswirken soll.

### 29. *Der Wettkampftrieb*

- *Es gibt eine elementare Triebkraft, die den Wettkampf sucht, Schwierigkeiten im Leben überwinden und gegen eigene Schwächen ankämpfen läßt.*

Diese Triebkraft, die gleichzeitig auch ein elementares Bedürfnis der Menschheit erzeugt, füllt jedes Wochenende die Sportstadien in fast allen Ländern der Erde. Sie liefert das Vergnügen bei den meisten Gesellschaftsspielen. Sie treibt viele zu besonderen Leistungen an und unterstützt dabei andere Leistungskräfte. Sie ist die Willenskraft, die uns dazu motiviert, Schwierigkeiten, Schwächen und Faulheit zu überwinden.
Weil diese Triebkraft vorwiegend einen Wettkampf erstrebt, nennt sie die EPS den Wettkampftrieb. Obwohl dieser Trieb auch den Kampf sucht, ist er nicht identisch mit dem vieldiskutierten Aggressionstrieb oder dem elementaren Abwehrtrieb. Er ist eine eigene elementare Triebkraft.

- *Das Lustgefühl des Wettkampftriebes ist ein Triumphgefühl. Es wird ausgelöst von Schlüssel-Signalen, die einen*

*Sieg anzeigen.*

Wenn wir am Gipfel eines Berges nach einem anstrengenden Aufstieg jauchzen, wenn wir an einem stürmischen Tag im Segelboot durch die hochspritzenden Wellen jagen, wenn wir auf einem Motorrad oder mit dem Wagen auf der Landstraße rasen, immer erleben wir dasselbe Gefühl, ein jauchzenwollendes Triumphgefühl.
Wir erleben das Triumphgefühl nicht nur bei einem sportlichen Sieg, beim Gewinnen einer Wette, bei einem Wettspiel, beim Übertreffen eines Rekordes, bei der Überwindung eines Hindernisses oder eines Gegners im Kampf oder Wettkampf, sondern auch bei der Bezwingung einer eigenen Schwäche. Auch im Geschwindigkeitsrausch ist das erhebende, jauchzenwollende Triumphgefühl enthalten. Es ist nicht Stolz, wenngleich dieser manchmal auch beigemischt ist, da dessen Signale auch Signale des Geltungstriebes enthalten können.
Das drängende, quälende Gefühl des Wettkampftriebes wird aktiviert, wenn wir sehen, daß etwas überwunden oder besiegt werden muß. Durch solche Wahrnehmungen oder Vorstellungen entsteht ein drängendes, quälendes Gefühl, das in unserer vorelementar-psychologischen Sprache noch keinen Namen hat, jedoch gefühlt wird, wenn wir uns sagen "ich muß" oder "ich will". Bei diesem drängenden Gefühl beißen wir die Zähne zusammen, ballen die Fäuste und spannen die Muskeln, vor allem auch die Kiefermuskeln an. Unser Blick wird starr, die Augen werden kleiner und wie auf einen fernen Feind gerichtet. Wir sind energisch geworden, energiegeladen, voller Kraft, gespannt, oft bis zur Verkrampfung. Wir sehen hier wieder einen Urreflex, der viele Triebe beglei-

tet. Mit diesem Trieb sollten wir in vorgeschichtlicher Zeit beißen, kämpfen, um die Wette laufen. Heute wird dieser Trieb auch gegen den Schweinehund und Gegner in uns selbst eingesetzt. Die eigene Schwäche, die Faulheit, der Schlappschwanz in uns, all das, was sich unserem Leistungswollen entgegensetzt, soll niedergerungen werden.

Zu dieser Überwindung besitzen wir einen eigenen, elementaren, recht nützlichen Trieb. Gelingt es auch, dessen Lust zu kultivieren, so kann man bei der Arbeit wie beim Sport aus der Anstrengung eine Freude machen. Die Anstrengung selbst wird zum Feind, der besiegt werden soll.
Tritt im Leben eine Schwierigkeit auf, dann kann sie den Überwindungstrieb aktivieren, sodaß dieser Trieb sofort auf die Seite der Leistungskräfte tritt. Der Leistungstrieb mit seinem Leistungsdrang, die Vernunft, welche das Zweckmäßige zu tun wünscht, das komplexe Besitzstreben und andere Triebe, welche eine Leistung oder Tat wollen, vereinen sich mit dem Überwindungstrieb zur "Willenskraft" und zu einem "kategorischen Imperativ". Nur so kämpft der "Wille" gegen das "Wollen" anderer Triebe und auch gegen das Streben nach der Bequemlichkeit.

## *30. Wie man Aggression in Leistung und Frieden verwandeln kann*

Die Überschrift dieses Kapitels war der Titel eines Buches, das als eine der Studien des Institutes für Elementar-Psychologie und optimales Verhalten erschien. In dieser Studie empfahl ich als einen Beitrag zur Friedens-

forschung und zur Förderung des Friedens in der Politik, in der Wirtschaft, im sozialen Bereich und im täglichen Leben:
*Wettkampf statt Aggressionskampf!*
Meine Erfindung dazu, mein psychotechnischer Trick für die Verwirklichung einer solchen Umwandlung war, mit den Begriffen der Schlüssel-Signale Vorstellungen zu assoziieren (zu verbinden), die statt eine wütende, schaden und zerstören wollende Aggression ein Wettkampfstreben aktivieren. Diese Umwandlung gelingt durch die Ähnlichkeit der Zielobjekte und Schlüssel-Signale, weil auch die Triebhandlungen einander ähnlich sind und sowohl der Aggressionstrieb als auch der Überwindungstrieb oder Wettkampftrieb kämpfen und siegen.
Signale für eine zerstören wollende Aggression sind Behinderungen und Feinde (siehe Kapitel 11!). Signale für den Überwindungstrieb: Hindernisse und Konkurrenten. Siegen gelingt durch eine wütende, hassende, schädigende, vernichtende, Schmerz zufügende Aggression, aber auch durch ein frohes Übertreffen.
Eine Behinderung muß man in ein Hindernis, einen Feind in einen Wettkampfgegner oder Konkurrenten verwandeln, dem man noch nach dem Wettkampf freundschaftlich die Hand geben kann. Hindernisse sind da, um überwunden zu werden. Prüfungen sind Möglichkeiten sich zu messen wie bei einem Fußballspiel oder Tennisturnier.
Für eine solche Signal-Umwandlung sei ein recht banales, jedoch für die derzeitigen Aggressionen in der ganzen Welt außerordentlich typisches und bedeutsames Beispiel angeführt.
Aggressionen, vorwiegend den Klassenkampf mit seinen

bekannten Auswirkungen, gibt es wegen der Signal-Vorstellung "Frustration und Ausbeutung der Armen durch deren Gegner, die Reichen". Will man mit unserem Rezept "Wettkampf statt Aggression" Leistung und Frieden erzeugen, so muß man dem Gegner der Reichen die Attribute "Frustration" und "Ausbeutung" wegnehmen und dafür den Anreiz geben: "den will ich einholen oder gar übertreffen". Er muß mit dem Begriff Armut die Vorstellung der "eigenen Schwäche, die es zu überwinden gilt" assoziieren. Damit kann das psychotechnische Kunststück gelingen, das für alle Beteiligten von Nutzen wäre.

Zu den Schlüssel-Signalen des Wettkampftriebes gehören auch Vorstellungen wie: Wettkampf, sich mit anderen messen wollen, siegen, einholen, überholen, einen Preis gewinnen, eine gute Note erhalten, eine Prüfung bestehen, einen Rekord brechen, Willenskraft zeigen, Energie, die eigene Faulheit überwinden. Solche Vorstellungen muß man bei der Umstellung und der notwendigen neuen "Bewußtseinsbildung" erzeugen und Vorstellungen, die Feindschaft und Hass erzeugen, eliminieren. Dann wird aus feindseliger hassender Aggression ein edler, leistungsanreizender Wettkampf, ein Sport, ein Spiel. Dann werden aus den weit verbreiteten krankmachenden Unlustgefühlen, aus Dauerärger, Wut, Zorn, Haß, Gereiztheit, Mißlaune, Depression frohe, gesundmachende, freundliche Gefühle der Kraft und Energie, des eigenen schon vorhandenen oder möglichen Triumphes, eine Freude.

Der Gegner wird zum Spielpartner wie bei einem Gesellschaftsspiel oder Tennisturnier. Er wird nicht gehaßt, sondern geliebt, nicht verachtet, sondern geachtet. Man kritisiert und diskriminiert den Gegner nicht, sondern lobt

und preist ihn, weil man ja, wenn er einem überlegen ist, seinesgleichen werden oder ihn noch übertreffen will. Hat man ihn beschimpft und herabgesetzt, so wird der eigene Sieg oder auch der Wettkampf selbst entwertet. Dadurch wird eine enorme Wandlung der ganzen Gesinnung möglich. Aus Unlust wird Lust, aus Ärger Freude, aus Haß Liebe, aus Neurose und Krankheit Kraft, Energie und Gesundheit, aus Aggression Friede und Leistung. Kapitalisten und Sozialisten sollten einmal zeigen, wer den besseren Wohlstand schafft! Warum sollen sie sich schädigen, wütend bekämpfen oder gar vernichten?
Eigene Schwächen werden nicht mehr Haß und Neid auf die Bevorzugten erzeugen, sondern den Wunsch, die eigene Schwäche zu überwinden und eigene Fähigkeiten zu entwickeln, mit denen man dann auch irgend jemanden übertreffen kann. Ein Zurückbleiben im Erfolg wird dadurch zum Ansporn für eigene Leistungen werden.
Wenn man aufhört, Konkurrenten jeder Art schädigen zu wollen, und versuchen wird, sie zu übertreffen, werden negative, zerstörende Kräfte zu aufbauenden, positiven gewandelt.
*Wettkampf statt Aggression!*

## *31. Was bewirkt das Glücklichsein?*

Was ist *glücklich sein*? Warum ist ein Mensch glücklich? Wie wird ein Mensch glücklich? Sind das nicht die wichtigsten Fragen, die der Mensch überhaupt stellen kann, weil sie die für sein Leben gewichtigsten und die für sein Schicksal bedeutungsvollsten sind?
Alles Angenehme oder Unangenehme auf der Welt erleben wir als unsere elementaren Gefühle. Das Glück-

lichsein fühlen wir. Die Hyothese der EPS heißt:

- *Das Glücklichsein ist ein Mischgefühl, das verschiedene Lustgefühle unserer elementaren Triebkräfte enthält. Glücklichsein ist ein Erlebnis und Zustand, bei welchem die Lustgefühle stärker als die Unlustgefühle im Bewußtsein vertreten sind.*

Glücklichsein ist der Wunsch aller Wünsche. Glücklichsein ist letzten Endes das oberste Bedürfnis des Menschen, in dem die einzelnen elementaren Bedürfnisse enthalten sind.
Sicher ist das augenblickliche Streben eines Menschen oft nur auf die Stillung des Hungers oder auf das Wiedergesundwerden eines Kindes gerichtet, also ein Streben und Bedürfnis des Nahrungstriebes oder Fürsorgetriebes. Dabei denkt der Betreffende nicht daran, sich ein Glücklichsein zu wünschen. Er ist aber glücklich, wenn er seinen Hunger stillen kann oder wenn sein krankes Kind wieder gesund geworden ist.
Für ein länger dauerndes Glücklichsein hat der Schöpfer aller Lebewesen dem Menschen noch zwei besondere Funktionseinheiten in seine Psyche gelegt.
Diese beiden Gefühle und ihre unlustvolle Gegengefühle sind ganz wesentlich sowohl am Glücklichsein wie auch an unserem gesamten ganzheitlichen Wohlbefinden beteiligt. Auch diese beobachtbare, naturwissenschaftliche beweisbare Erkenntnis, zunächst eine meiner Hypothesen, bietet die EPS:

- *Eine FE unserer Psyche, macht uns heiter und froh oder sie reagiert mit der quälenden Unlust der Depression.*

Diese Gefühle machen wesentlich das, was wir die *Stimmung* nennen, die wiederum wesentlich für unser allgemeines Wohlbefinden ist.

- *Wahrnehmungen und Vorstellungen, die uns bedeuten, daß es aufwärts geht, die Erfolgsaussichten und die Wahrscheinlichkeit der Wunscherfüllung groß sind oder größer wurden, daß wir etwas gewonnen haben, lösen das lustvolle Gefühl einer heiteren, frohen Stimmung aus.*

- *Wahrnehmungen und Vorstellungen, die uns bedeuten, daß es abwärts geht, die Erfolgsaussichten und die Wahrscheinlichkeit der Wunscherfüllung klein sind oder kleiner werden, daß wir etwas verloren haben, lösen ein unlustvolles Gefühl der Depression und des Traurigseins aus.*

Wir sehen, wie diese beiden elementaren Gefühle polar entgegengesetzte Gefühle sind, die auf gleiche, doch mit positiven oder negativen Vorzeichen versehene Schlüssel-Signale im Bewußtsein erscheinen und somit zu einer Funktionseinheit gezählt werden müssen. Das positive, lustvolle Gefühl der Heiterkeit (des Frohsinns) belebt uns und beschleunigt unseren Schritt und alle Bewegungen. Das Gefühl der Depression hemmt und lähmt unseren Schritt und alle Bewegungen. Wir fühlen uns niedergeschlagen.
Ist es nicht sinnvoll, daß wir immer dann beschleunigt vorwärts schreiten und schneller etwas tun, wenn wir wahrnehmen oder uns vorstellen, daß wir auf diesem Weg weiterkommen und daß wir nur gehemmt und zögernd weiterschreiten, wenn wir wahrnehmen oder uns vorstellen, daß der Weg keine guten Erfolgsaussichten bietet? Es

scheint, daß wir in Urzeiten einen zielstrebigen Mechanismus in unsere Psyche eingebaut erhielten, der diese Beschleunigung und Bremsung bewirken sollte.
Dies stelle ich nicht als eine Hypothese der EPS für die Aufgabe dieser FE auf. Es ist vorläufig nur eine simple Vermutung.

### *32. Die Krankheit Depression*

Psychiater wissen, daß die Gefühle Heiterkeit und Depression nicht nur wie bei normalen, gesunden Menschen durch ihre spezifischen Schlüssel-Signale entstehen können, sondern auch durch eine Krankheit. Sie kennen das manisch- depressive Irresein, bei dem sowohl die Depression als auch die Heiterkeit sehr stark auftreten. Das lustvolle Gefühl der Heiterkeit kann bis zur Manie gesteigert sein.
Die Depression kann diese Kranken erheblich quälen, sie sogar zum Selbstmord führen. Bei der Manie sind sie mit ihrer Stimmung besser gestellt. Sie fühlen sich glückselig. Sie fühlen sich wie Menschen, die gerade eine Million im Lotto gewonnen haben. Sie verhalten sich auch so. Sie tanzen und jubeln. Und sie sehen die Welt in einem rosigen Licht.
Leider sind die krankhaft Depressiven in der Überzahl. Laut Statistik sollen in Deutschland zwei Millionen erheblich und weitere zwei Millionen leicht depressiv sein. Die leichten Depressionen sind zumeist Altersdepressionen, die Gott sei Dank heute durch neue biologische Therapien mit einer hohen Wahrscheinlichkeitsquote geheilt werden können. Ich habe diese Methoden in meinem Buch *Biologisch leben - biologisch heilen* (Kiepenheuer &

Witsch-Verlag, 1989) genau beschrieben.
Die schweren Depressionen müssen mit chemischen Antidepressiva, die leider viele Nebenwirkungen haben, symptomatisch behandelt werden, um die Qual der Depression einigermaßen erträglich zu machen.
Daß diese Gefühle auch körperlich entstehen können, beweist auch die Existenz von Emotionshormonen, die materiell im Gehirn Gefühle auslösen und im Bewußtsein erscheinen lassen. Werden diese durch eine Krankheit oder durch eine Droge erzeugt oder aktiviert, so werden die Gefühle einer Depression oder heiteren Glückseligkeit genauso erlebt, wie wenn sie von ihren Schlüssel-Signalen ausgelöst wurden.

## 33. *Wie man Menschen zufrieden macht*

Eine weitere FE macht uns Menschen zufrieden oder unzufrieden.

- *Zufriedenheit und Unzufriedenheit werden gefühlt, sind auch elementare Gefühle einer Funktionseinheit der Psyche.*

- *Schlüssel-Signale für das lustvolle Gefühl der Zufriedenheit sind Wahrnehmungen und Vorstellungen, die uns zeigen, daß wir erreicht haben oder erreichen werden, was wir erreichen wollten oder wollen, daß unsere Wünsche erfüllt wurden oder erfüllt werden.*

- *Schlüssel-Signale für das Gefühl Unzufriedenheit sind Wahrnehmungen und Vorstellungen, die uns bedeuten, daß wir nicht erreicht haben oder erreichen werden, was wir erreichen wollten oder wollen sowie daß unsere Wünsche nicht erfüllt wurden und werden.*

Über die Aufgabe dieser elementaren Triebkraft unserer Psyche habe ich eine recht interessante Vermutung, die ich jedoch nicht äußern möchte, weil sie vermutlich auf Unglauben und Ablehnung stoßen würde. Ich bitte jedoch den Leser selbst, darüber nachzudenken, ob er sie finden kann.

Die Gefühle Zufriedenheit und Unzufriedenheit sind an den Gesamt-Gefühlen des Glücklichseins und Unglücklichseins erheblich beteiligt. Sie sind für das Leben, das Wohlergehen und die Gesundheit der Menschheit sowie für den Frieden ungemein wichtig. An ihnen können wir ansetzen, wenn wir unsere Mitmenschen oder als Politiker ein ganzes Volk zufrieden und damit auch glücklicher und friedlicher machen wollen. Buddha hat mit seiner Erkenntnis, seiner Erleuchtung, einem Rezept bisher Milliarden Menschen trotz ihrer Armut zufrieden und glücklich machen können.

Er erkannte, daß ähnlich wie beim täglichen Ärger zwei Ursachen an der Entstehung von Zufriedenheit oder Unzufriedenheit beteiligt sind: Die Erfüllung der Wünsche und die Wünsche selbst.

Buddha lehrte und empfahl die Herabsetzung aller Begierden auf Null. So einfach war es, Milliarden Menschen trotz ihrer oft erheblichen Armut zufriedener zu machen. Buddha hatte ein Funktionsgesetz der Psyche erkannt.

In meinem Buch *Die Zukunft gewinnen* (Herbig-Langen-Müller-Verlag, 1986, als Taschenbuch im Rowohlt-Verlag, 1989) habe ich in dem Teil *Die Kunst glücklich zu sein und andere glücklich zu machen* auf 110 Seiten

Rezepte und Anleitungen für diese Kunst gegeben. Ich kann sie deshalb in diesem Buch nicht wiederholen. Doch auf etwas sehr Wichtiges möchte ich aufmerksam machen:

- *Das weitaus meiste, das in den reichen Staaten der Erde die Menschen glücklich oder unglücklich, zufrieden oder unzufrieden oder aggressiv macht, sind nicht die Wahrnehmungen von Gegebenheiten der Umwelt und des Schicksals, sondern die Vorstellungen im Geist der Menschen, welche als Schlüssel-Signale die Gefühle erzeugen.*

Der Mensch ist ein denkendes Wesen. Mit seinem Denkapparat produziert er selbst den Geist. Er holt ihn aus dem Wissen seiner Zeit, aus dem, was er gelernt, gelesen hat, was ihm Politiker und Prediger einsuggeriert haben.
Es ist der Zeitgeist , der in der Presse publiziert wird, die Propaganda der Parteien, die zum Wählerfang absichtlich Unzufriedenheit schüren. Unser Zeitgeist will protestieren, kritisieren, weltweit alles schlecht machen; nichts froh bewundern und anerkennen.

- *Der Geist, wie ihn die EPS definiert hat, ist für die Menschen zu einer zweiten Umwelt geworden. Diese wirkt, vor allem in den zivilisierten Staaten, auf die Psyche wesentlich stärker ein als die materielle Umwelt.*

- *Es ist die Umwelt der Vorstellungen und Gedanken, die mit ihren Schlüssel-Signalen die Gefühle, vor allem das Glücklich- und Zufrieden-Sein, am stärksten beeinflußt.*

- *Diese geistige Umwelt haben wir Menschen ebenso vergiftet wie die materielle Umwelt. Auch dieses Gift macht uns krank; läßt uns leiden und beeinträchtigt ein gutes ganzheitliches Wohlbefinden.*

Auch gegen dieses Gift und diese Krankheit gibt es eine Therapie. Ich empfehle dazu ein einfaches Rezept:
Hören sie endlich auf immer nur zu kritisieren, zu protestieren, andere und anderes schlecht zu machen! Zeigen Sie doch ganz einfach, wie sie selbst es besser machen könnten! Dann laufen Ihnen die Wähler und Sympathisanten in Scharen zu und allen wird mehr Hoffnung geschenkt, daß vieles besser werden kann. Das ist auch noch aus vielen anderen Gründen ein gutes Rezept. Wer nichts Besseres bieten kann, wird schweigen müssen.
Die Leser, die meine EPS und meine Hypothesen in diesem Buch vorwiegend feindselig kritisieren und schlecht machen wollen, bitte ich nach meinem Rezept zu verfahren:
Fügen Sie Ihrer Kritik an meiner EPS und meinen einzelnen Hypothesen mit Ihren psychologischen Kenntnissen einen Vorschlag bei, wie Sie die elemetaren Gefühle, die elementaren Triebe und Grundbedürfnisse der Menschen sowie die Funktionsgesetze der Psyche besser darstellen könnten!
Dieses Buch ist, wie ich immer wieder betone, nur der Entwurf zu einer Wissenschaft Elementar-Psychologie. Ich stelle meine Hypothesen keineswegs als letzte Wahrheiten vor, biete sie aber zum Vergleich mit den bisherigen Theorien der Psychologen an. Bitte vergleichen Sie! Dem interessierten Leser, der kein Fachpsychologe ist, empfehle ich jeweils nach meiner Darstellung eines psychologischen Begriffes, z.B. eines Gefühles, in einem großen Lexikon nachzulesen, was bisher darüber bekannt war

und geschrieben steht.

### *34. Mehr Erfolg durch die Elementar-Psychologie*

Die in diesem Buch dargestellte Elementar-Psychologie ist das Ergebnis von Grundlagenforschung. Sie ist das, was für die Medizin die Wissenschaften Anatomie und Physiologie sind. Auf die Grundwissenschaft EPS können *angewandte EPS-Psychologien* aufgebaut werden.
Eine Anwendung ist möglich für:
Werbe-Psychologie
Verkaufs-Psychologie
Erfolgs-Psychologie
Psychagogik
psychologisch bessere Politik
Psycho-Therapie
Psycho-Somatik
sowie für eine bessere Selbsterkenntnis und Menschenkenntnis, ein besseres zukünftiges Verhalten und eine gründliche, *exakte Psychoanalyse.*
In dem schon erwähnten Institut für angewandte Psychologie und dem Institut für Elementar-Psychologie und optimales Verhalten wurde die EPS bereits praktisch verwertet. Ich selbst konnte sie bei psychotherapeutischen und allgemeinärztlichen Beratungen verwerten. Über einige Anwendungsgebiete schrieb ich Studien und Bücher. So über eine *Politische Psychologie* im Teil *Wege in eine bessere Zukunft der Menschheit*, über eine *kleine Psycho-Therapie zur Selbstbehandlung* im Teil *Die Kunst glücklich zu sein und andere glücklich zu machen* meines Buches *Die Zukunft gewinnen.* Eine Anwendung der EPS auf dem Gebiet der Kreativität zeigt mein Buch *Geistig*

*mehr leisten*. Über die biologische Behandlung des *allgemeinen Wohlbefindens* gibt mein Buch *Biologisch leben, biologisch heilen* Auskunft.

In Vorbereitung sind in dem 1989 gegründeten Institut für Erfolgs-Psychologie und Ganzheits-Medizin: *Seminare für Führungskräfte der Wirtschaft und Politik sowie deren Berater*, dazu ein Buch *Erfolg durch Freude.*

*Lebensziel Freude* wird voraussichtlich ein weiteres Buch heißen, das zur Zeit bearbeitet wird. Die EPS konnte zeigen, daß der Mensch vom Schöpfer so eingerichtet und geschaffen wurde, daß er Freude in der Form eines Lustgefühles erlebt und damit belohnt wird, wenn er nach dem Soll und Befehl einer elementaren Triebkraft das Richtige tut. Nützen wir auch mit unserer Vernunft und unserem Geist dieses Prinzip aus, holen wir die Gefühle aus ihrer Entfremdung heraus, dann kann es in Zukunft viel mehr Freude geben. Dann kann auch die tägliche Arbeit weit mehr von der Leidseite des Lebens auf die Seite der Freude treten.

Da in zivilisierten Staaten weniger die materielle Umwelt das Glücklichsein und Wohlbefinden, weit mehr jedoch die Vorstellungen in unserem Geist unsere Gefühle beeinflussen, kann eine glücklichere Zukunft, eine Zukunft mit mehr Freude in der Hauptsache von diesem Geist her gestaltet werden.

Man spricht heute so viel von einer *Bewußtseinsbildung* und meint damit die Zufuhr bestimmter Vorstellungen in unseren Geist, die in das Bewußtsein treten können. Man muß den richtigen Geist zuführen, damit wir uns froher fühlen und vorteilhafter verhalten können. Das ist für jeden einzelnen sofort, heute schon anwendbar. Und das gilt auch für die große Politik.

Ich habe gezeigt, welche enorme Auswirkungen Freuds Erkennen eines Funktionsgesetzes der Psyche hatte. Jeder Leser kann versuchen, aus den rund 36 mal 2 Funktionsgesetzen, welche die EPS erkennen läßt, irgend einen Erfolg herauszuholen oder Neues kreativ zu planen. Versuchen Sie es einmal mit einigen meiner Hypothesen! Die ganze EPS ist zu umfassend, um auf einmal geistig geschluckt und verdaut zu werden.

Mancher Leser wird Anregungen finden für eine bessere Selbsterkenntnis, Selbstbestätigung, Selbstverwirklichung und volle Entfaltung seiner Persönlichkeit. Zu dem, was heute so sehr erstrebt wird, erfährt er vielleicht erstmalig, welche Triebkräfte er in seiner Psyche entfalten und welche Freuden er überhaupt genießen kann.

Die Psyche ist nicht weiter ein nebulöses Gebilde. Sie hat Organe, die exakt beschrieben werden. Die Gesamt-Psyche ist das Organ, das alles bewirkt und steuert, was wir bewußt tun müssen. Die Elementar-Psychologie will lehren, was diese Psyche ist, wie sie funktioniert und wie sie reagiert, wenn wir sie beeinflussen wollen.

In meinem Buch "Was ist und wie funktioniert unsere Psyche" habe ich vor Jahren bereits meine komplette EPS dargestellt.

Umfangreiche Tests mit diesem Buch vom Institut für Erfolgs-Psychologie und Ganzheits-Medizin haben nun ergeben: Der größte Teil der nicht psychologisch geschulten Menschen, die mein Buch gelesen haben, urteilten fast durchweg positiv, konnten die EPS unmittelbar für ihr eigenes Leben verwerten. Interessant war dabei, daß sie ihren klugen und gesunden, noch nicht verschulten Menschenverstand einsetzten, um zu prüfen, ob sie die Aussagen der EPS für zutreffend oder unzutreffend hielten. Sie

benutzten keine Statistiken, die in der Wissenschaft das ein und alles zu sein scheinen. Sie überprüften alles viel simpler, indem sie ganz einfach ihre Beobachtungsgabe nutzten. Kann ich das, was die EPS sagt, an mir selbst, an meiner Frau, meinen Kindern, meinen Arbeitskollegen, meinen Freunden und Bekannten feststellen oder nicht?
Die Psychologen jedoch, besonders die der Freud'schen Schule, waren die größten Kritiker der EPS. Sie forderten Nachweise, wollten, wie sie es an der Universität gelernt hatten, Statistiken oder andere traditionelle Auswertungs- und Untersuchungs-Methoden.
Brauche ich eine Statistik, um zu sehen, daß der Himmel blau ist, um zu hören, daß ein Wasserfall rauscht, um zu riechen, daß faule Eier stinken? Ich meine, daß sich das beobachten läßt. Wenn ich natürlich anzweifle, ob das, was ich sehe, höre und rieche, wirklich so ist, wie ich es eben wahrnehme, werde ich irgendwann vor der Frage stehen, ob selbst meine eigene Existenz Wirklichkeit ist oder nur pure Einbildung.
Wie ich bereits zitiert habe, hat Professor Koch festgestellt, daß Jahrzehnte psychologischer Forschung in der bisherigen Vorgehensweise trotz eines gigantischen und milliardenschweren Aufwandes so gut wie nichts gebracht haben.
Geisteswissenschaftler kritisieren oft die zu enge Betrachtungsweise, wollen unbedingt esoterische Bereiche in die Psyche mit einbeziehen. Natürlich sind viele Phänomene, welche die Parapsychologie beobachtet hat, nicht zu leugnen. Aber ich spreche hier in der EPS von der Funktionsweise unserer Psyche, die ein Teil des Menschen ist. Ihre FE zeigen bei Milliarden Menschen tagtäglich Beobachtbares und wiederholbare Reaktionen. Die Psyche ist

ein Organ, so gleich oder ungleich wie die Herzen oder Nieren aller Menschen gleich sind, und so erforschbar wie unsere anderen Organe. Sie ist sogar besser erforschbar, weil wir ihre Erscheinungen direkt in unserem Bewußtsein wahrnehmen können, so direkt wie die Farbe eines Autos oder die Härte eines Steines.

Daß die Psyche in der dargestellten Weise funktioniert, schließt keinesfalls Phänomene aus, welche die Parapsychologie beobachtet. Nur haben diese Phänomene nichts mit der Psyche zu tun, genausowenig wie unser Herz etwas mit der Funktionsweise unserer Blase zu tun hat.

Die Psyche ist für die EPS und wohl für jeden erkennbar das Organ, das uns durch das Leben steuert und alles bewirkt, was wir bewußt tun müssen.

## Schematische Darstellung der vollständigen Elementar-Psychologie

Diese schematische Darstellung der EPS soll alle von mir und Mitarbeitern bisher gefundenen elementaren Triebkräfte und Gefühle (Emotionen), die gleichzeitig auch als Organe und Funktionseinheiten der Psyche angesehen werden können sowie die allen Menschen angeborenen Grund-Bedürfnisse und Werte so kurz, einfach und übersichtlich als es möglich war, zeigen. An diesem Schema kann sich der Leser schnell orientieren.
EPS-Analytiker und Berater auf dem weiten Gebiet angewandter Psychologien, so Eltern, Erzieher, Pädagogen, Werbe-, Erfolgs-. Lebens-, Konflikt-Berater, Schriftsteller, Journalisten, Politiker und Psycho-Therapeuten können in diesem Schema nachsehen, ob sie bei ihren Analysen und Beratungen auch wirklich alles berücksichtigt haben, was bei psychischen Reaktionen mitgewirkt hat oder was als eine zusätzliche Kraft positiv nützlich eingesetzt werden kann.
Bei der Kurzdarstellung eines jeden einzelnen Elements der Psyche ist Platz frei gelassen, damit jeder, der das Schema für seine individuellen Zwecke verwenden will, noch sein Wissen für sein privates oder berufliches Vorhaben, z.B. eine Werbung, eintragen und überhaupt alles noch ergänzen und vervollständigen kann.
Der folgende Text in der Form auch eines kurzgefaßten Lehrbuches der noch umstrittenen Wissenschaft Elemen-

tar-Psychologie soll zugleich ein Ratgeber sein.
Das ganze Leben folgt zwei Arten exakter Naturgesetze. Nach der einen richten sich alle körperlichen Funktionen. Sie werden in den Wissenschaften Biologie und Medizin gelehrt. Nach der anderen richtet sich die Psyche. Diese psychologischen Gesetze beschreibt die Elementar-Psychologie.
Die exakte Elementar-Psychologie (EPS) ist eine Alternative zu den auf Vermutungen aufgebauten Lehren Freuds und anderer Psychoanalytiker und Psychologen. Diese neue Psychologie kann für unsere Zukunft von großer Bedeutung sein. Die Zwei-Triebe-Lehre Freuds hat mit ihrer Fehlinformation viel Unglück gebracht. Eine richtige Information über die Psyche kann den Menschen ihre wahren, elementaren psychischen Bedürfnisse zeigen. Sie ist auch in sich selbst schon eine Psychotherapie, weil sie das Normale zeigt und eine Hilfe ist, sich an dem Normalen auszurichten. Die Lehrsätze der EPS widerlegen Freuds Fehlinformation über den allmächtigen Sexualtrieb und den ebenso allmächtigen Aggressionstrieb, eine Fehlinformation, die die Kultur und Politik vieler Jahrzehnte wesentlich beeinflußt und mitgestaltet hat. In über 30-jähriger Arbeit wurde die Wahrheit der EPS überprüft. Jeder Leser, sei er Psychologe oder Laie, wird im Leben bestätigt finden, was hier dargestellt wird.

*Lehrsatz 1: Alle Kräfte in Lebewesen folgen bestimmten Gesetzen und gehören zu Funktionseinheiten mit einem zielstrebigen Willen und Gesetz.*

Zu diesen Kräften gehören die zielstrebigen Kräfte der Zellen und Organe ebenso wie die Reflexe, Instinkte,

Triebe der Tiere und die “höheren” Triebe der Menschen, die man auch elementare Strebungen nennt.

*Lehrsatz 2: Alle lebenden und alle seelischen Kräfte sind exakt gesetzmäßig reagierend und zielstrebig zugleich.*

Als das Wunderbare an allen seelischen Kräften erschien uns immer ihre Zielstrebigkeit. Dies galt auch als das, was die Lebewesen von der toten, anorganischen Welt (der Chemie und Physik) unterscheidet. Leider haben viele bisher das Wesen der Zielstrebigkeit mißverstanden und verkannt, und daher haben die biologisch-vitalistisch-teleologischen Lehren irrtümlich dem zielstrebigen, lebenden Geschehen eine Eigengesetzlichkeit zugeschrieben und gleichzeitig einen exakt-gesetzmäßigen Ablauf aberkannt. Man leugnete, daß ein zielstrebiges Geschehen exakten Naturgesetzen folgt. Die “Eigengesetzlichkeit” des Seelischen blieb ein Rätsel. Man verwies die Lösung dieses Rätsels in den Bereich des Glaubens und entzog dessen Lösung damit dem Zugriff wissenschaftlicher Forschung. Die EPS löst dieses Rätsel mit einer Synthese der vitalistisch-teleologischen und der mechanisch-materialistischen Weltanschauung, indem sie sagt: Das lebende und das seelische Geschehen ist exakt-gesetzmäßig und zielstrebig zugleich.

*Lehrsatz 3: Jedes lebende Geschehen und jede seelische Reaktion hat zwei Ursachen: eine zielkausale und eine mechanistischkausale.*

*Lehrsatz 4: Die zielkausale Ursache einer seelischen Reaktion liegt in der Struktur (im Bau und Mechanismus) der*

*betreffenden Funktionseinheit.*
Die Zielstrebigkeit ist also bereits vom Schöpfer in die zwei Milliarden Buchstaben enthaltende Urschrift der Ribonukleine unserer Zellchromosomen gelegt worden. Wenn wir daran denken, daß unser Gewissen, unsere Vernunft und alle unsere Fähigkeiten in der winzigen Samenzelle und in den Informationen, welche die Ribonukleine dieser Samenzelle enthalten, bereits vorhanden sind, ist das große Wunder da.

*Lehrsatz 5: Die mechanistisch-kausale Ursache jeder seelischen Reaktion ist der spezifisch-psychische auslösende Reiz, den wir Signal nennen.*

*Lehrsatz 6: Die Psyche des Menschen ist ein Organismus, der aus 36 Organen bzw. Funktionseinheiten besteht, die wir die elementaren Triebe nennen.*

*Lehrsatz 7: Die 36 elementaren Triebe gleichen sich bei allen Menschen, wie ihre Organe sich gleichen.*

*Lehrsatz 8: Alles Fühlen, Wollen, Streben und Tun der Menschen ist Funktion und Reaktion der 36 elementaren Triebe, wobei einer oder mehrere Triebe gleichzeitig beteiligt sein können.*

*Lehrsatz 9: Jeder elementare Trieb besitzt zwei elementare Gefühle, Lust und Unlust.*

Jedes elementare Gefühl ist ein Element der Seele und unterscheidet sich klar von jedem anderen elementaren Gefühl. Ein elementares Gefühl kann, wenn es einmal erkannt wurde, nicht mit einem anderen verwechselt werden. Angst ist Angst und nicht Hunger oder Wollust. Es gibt auch keine fließenden Übergänge zwischen der Angst und der Wollust, wohl aber Mischgefühle, welche mehrere elementaren Gefühle enthalten, weil diese gleichzeitig ins Bewußtsein treten. Das geschieht dann, wenn gleichzeitig zwei Triebe angereizt werden.

Inhalte des Bewußtseins sind ausschließlich Empfindungen, Wahrnehmungen, Vorstellungen und Gefühle.

Wahrnehmungen und Vorstellungen können auch die Begriffe unserer Sprache sein, welche Einzelwahrnehmungen und Einzelvorstellungen sinnvoll und rationell zusammenfassen und ersetzen.

Als Wahrnehmungen bezeichnet die EPS die Sinneseindrücke des Sehens und Hörens. Die Psychologie lehrt, daß wir nicht die einzelnen Lichtpunkte oder Schallwellen wahrnehmen, sondern "Gestalten", in welchen unsere Sinneszentren das Zusammengehörige bereits sinnvoll zusammenfassen. So sehen wir Menschen und nicht Farbflecke in verschiedenen Formen. Die meisten Wahrnehmungen sind die der Sprache oder Schrift, weil Menschen hauptsächlich durch sie aufeinander einzuwirken versuchen. Wir erleben und verarbeiten Worte und Begriffe, nicht Silben oder Buchstaben. Worte und Begriffe sind die Gestalten unserer Sprache. Sie sind auch ein Ersatz und ein Werkzeug zur rationellen Zusammenfassung der anderen Gestalten unserer Welt.

Als Empfindungen bezeichnet die EPS Sinneseindrücke des Geschmacks, des Geruchs und der Haut.

Elementare Gefühle sind ausschließlich die Unlust- und Lustgefühle der 36 elementaren Triebe.

Es gibt Mischgefühle, welche aus mehreren elementaren

Gefühlen zusammengesetzt sind.
Als Vorstellungen bezeichnet die EPS das, was aus dem Gedächtnis in das Bewußtsein reproduziert oder durch den Denkprozeß kombiniert in das Bewußtsein tritt. Die meisten Vorstellungen sind Vorstellungen in den Begriffen der Sprache.
Andere Bewußtseinsinhalte gibt es nicht. Was man so oft unexakt Gefühl oder Empfindung nennt, sind in der EPS unklare Vorstellungen (Es kommt mir vor, als ob..., Ich ahne, daß ...) oder Mischungen aus echten Gefühlen und Vorstellungen oder Empfindungen.

*Lehrsatz 10: Alles Angenehme oder Unangenehme auf der Welt sind Gefühle.*

*Lehrsatz 11: Alle Dinge, Güter, Geschehnisse, begehrenswerte Objekte oder Zustände haben für uns Menschen nur so viel Wert und Bedeutung, wie sie auslösende Reizursachen (Signale) für die angenehmen oder unangenehmen Gefühle sind.*

*Lehrsatz 12: Die Gefühle erst lassen uns die Dinge werten, schätzen, begehren oder ablehnen.*

*Lehrsatz 13: Im Gefühl liegt die Kraft der Triebe, die einzige Antriebskraft des Wollens, Begehrens, Wünschens und auch Handelns.*

*Lehrsatz 14: Es gibt lockende und treibende Gefühle, Lustgefühle sind lockende, Unlustgefühle treibende Kräfte.*

*Lehrsatz 15: Die Gefühle werden durch ganz bestimmte,*

*spezifisch-psychische Reize (Signale) hervorgerufen. Jedes Gefühl hat seine Signale.*

*Lehrsatz 16: Spezifische psychische Reize sind ausschließlich Empfindungen, Wahrnehmungen und Vorstellungen, welche den elementaren Trieben etwas Bestimmtes bedeuten.*

*Lehrsatz 17: Psychische Reize sind Bedeutungsreize. Nicht die optische oder akustische Stärke eines Reizes ist entscheidend dafür, wie stark ein Gefühl oder Trieb aktiviert wird, sondern ausschließlich die Größe der Bedeutung für den betreffenden Trieb.*

Mit den Organen und dem Gehirn haben sich auch die Triebe in der Geschichte der Lebewesen entwickelt. Reflexe, Instinkte, Triebe, alle sind sie "zielstrebige Mechanismen". Uns interessiert hier nur, was mit dem Phänomen Bewußtsein arbeitet. Nur das gehört zur Psyche. Es gibt elementare Triebkräfte als Organe der Psyche, elementare Funktionseinheiten, die im folgenden als FE bezeichnet werden. Wir sehen, daß nach den primitiven Urtrieben, die vor allem der Ernährung und Fortpflanzung dienten, höhere Triebe entwickelt wurden, welche auch höheren Aufgaben dienen sollten. Wem das Wort "Trieb" nicht gefällt, mag die höheren Organe auch Triebkräfte oder Strebungen nennen. Für die EPS bleiben alle 36 gleichberechtigte elementare FEs.
Ich fasse immer eine Gruppe zusammen und beginne mit den egoistischen Trieben, weil diese vor allem dem Individuum helfen sollen, richtig zu leben, sich am Leben zu erhalten und sich durchsetzen zu können.

**Der Schmerzfluchttrieb**

*Aufgabe:*

Den Menschen vor einer Verletzung zu schützen, ihn fliehen, ausweichen sowie gesundheitliche Schäden vermeiden, verhüten und beseitigen zu lassen

| *Unlust* | *Lust* |
|---|---|
| Schmerz | Entfällt |
| *Signale* | *Signale* |
| Schmerzempfindung<br>Verletzung | Entfällt |
| *Werte und Worte* | *Werte und Worte* |
| Verletzung, Schmerzen,<br>Folter, Peitsche, Prügel,<br>Schlagen, Quälen | frei von Schmerzen,<br>gesund |

Dieser Trieb ist so sehr nur auf ein Fliehen, Ausweichen, Wegstreben eingestellt, daß eine Verlockung zu etwas sinnlos wäre. Hier entfällt daher das Lustgefühl. Bei diesem so körpernahen Trieb werden auch die Empfindungen und das Gefühl meist zu einem Erlebnis, da sie fast stets nur gleichzeitig erlebbar sind. Trotzdem ist auch diese FE eine elementare Triebkraft, da der Schmerz in das Bewußtsein tritt und bei der Motivation eine ebenso große und gleichberechtigte Rolle spielt wie jedes andere elementare Gefühl.

**Der Nahrungstrieb**

*Aufgabe:*
Ernährung

| *Unlust* | *Lust* |
| --- | --- |
| Hunger | Essensfreude, Appetit |
| *Signale* | *Signale* |
| Hungerempfindungen, Leere des Magens, Hypoglykämie | Empfindungen und Wahrnehmungen beim Essen |
| *Werte und Worte* | *Werte und Worte* |
| Hungerleider, Unterernährung, nie satt | Nahrung, Ernährung, Sattsein, "Guten Appetit", tausend Vorstellungen von Speisen, "Da läuft mir das Wasser im Munde zusammen", köstlich |

Der Nahrungstrieb ist noch so "körpernah", daß auch hier Empfindungen und Gefühle durch meist gleichzeitiges Erleben nur zusammen erlebt werden können als eine Gefühls-Empfindung.
Der Nahrungstrieb hat noch einen Nebentrieb, der deutlich und eindeutig von ihm verschieden ist. Auch hier werden noch Gefühl und Empfindung zusammen erlebt. Und deshalb, weil es viele Empfindungsvarianten gibt, erscheint die Lust in so vielseitiger Weise.

**Der Nahrungswahltrieb**

*Aufgabe:*

Das Eßbare zu wählen
Das Giftige abzulehnen

| *Unlust* | *Lust* |
|---|---|
| Mißgeschmack | Wohlgeschmack |
| *Signale* | *Signale* |
| Bestimmte Empfindungen des Geschmacks und Geruchssinnes von Ungenießbarem und dem, was schlecht schmeckt | Bestimmte Empfindungen des Geschmacks und Geruchssinnes von wohlschmeckenden Substanzen und Speisen |
| *Werte und Worte* | *Werte und Worte* |
| bitter, sauer, salzig, giftig, pfui | schmeckt gut, fein, wohl abgestimmte Speisen, süß, Namen von tausend guten Speisen |

Die Empfindungen und Gefühle des Wohlgeschmacks und Mißgeschmacks wählen instinktiv. Selbst wenn unsere Vernunft mit auswählt, verwendet sie das, was sie aus Erfahrung als wohlschmeckend und schlecht schmeckend kennt.

Daß nicht immer alles Wohlschmeckende gesund und alles Schlechtschmeckende Gift ist, liegt daran, daß unsere primitiven Triebe dem modernen Leben nicht mehr voll angepaßt sind. Auf der anderen Seite haben wir z.T. auch den Geschmack in bestimmten Richtungen geübt und umerzogen. Durch Suggestion werden Worte des Wohlgeschmacks mit bestimmten Geschmacksempfindungen als Assoziationen verbunden. Darum schmeckt uns z.B., meist erst nach einer gewissen Gewöhnung, der bittere Kaffee.

**Der Durst**

*Aufgabe:*

Dem Körper die zum Leben nötige Flüssigkeit zuzuführen.

| *Unlust* | *Lust* |
|---|---|
| Durst | Die Lust des Durstigen beim Trinken |
| *Signale* | *Signale* |
| Gewisse Empfindungen des Ausgetrocknetseins | Empfindungen beim Trinken und Durstlöschen |
| *Werte und Worte* | *Werte und Worte* |
| verdursten, ausgetrocknet, kein Wasser, Trockenheit | Durst löschen, Durst stillen, Wasser, Bier, Wein, Limonade usw., Oase, Flüsse, Seen, Regen |

Die Lust des Trinkens kann mit der Gefühlsempfindung des Wohlgeschmacks zusammen zu einem Erlebnis werden. Kommt noch dazu, was der Alkohol an Wohlgefühlen bietet, so haben wir das vor uns, was der "Trinker" so sehr begehrt. Darin sind auch höhere Lüste enthalten, wie z.B. durch Enthemmung Machtgefühle.

**Der Ekel oder der Reinlichkeitstrieb**

*Aufgabe:*

Die Reinlichkeit und Reinerhaltung des Körpers. Dieser Trieb soll Schmutziges, Krabbelndes, Kriechendes, Stinkendes, vor allem Krankheitserreger, Ungeziefer, Insekten, Würmer, Schlangen von Mund und Körper fernhalten und abschütteln lassen.

*Unlust*

Ekel

*Signale*

Empfindungen, Wahrnehmungen und Vorstellungen von Schmutzigem, Krabbelndem, Kriechendem, Stinkendem, Unsauberem

*Werte und Worte*

schmutzig, ekelerregend, stinkend, dreckig, klebrig, ungewaschen, kriechend, unsauber, niedrig, abscheulich, eklig, abscheuerregend, Kriecher, pfui

*Lust*

Ein noch namenloses Reinlichkeitsgefühl und Wohlgefühl des Sauberseins

*Signale*

Empfindungen, Wahrnehmungen und Vorstellungen des Rein- und Sauber-Seins, des Befreit-von-Schmutz-Seins

*Werte und Worte*

Sauberkeit, Reinlichkeit

Der Ekel ist ein Urtrieb. Heute haben wir jedoch mit den Ur-Reiz-Vorstellungen auch Vorstellungen verknüpft, die im "übertragenen" Sinne Schmutziges, Kriechendes, Klebriges, Unsauberes und Ekliges enthalten. Auch diese lösen ein Gefühl des Ekels aus. Ebenso ist es mit der Vorstellung des Sauberseins. So versucht heute dieser Trieb auch von der Seele und vom ganzen Leben Unsauberes und Krankmachendes fernzuhalten und abzuschütteln.

Da die Signale dieses Triebes Signalen anderer Triebe manchmal ähnlich sind oder gleichzeitig Signale mehrerer Triebe enthalten, werden diese gleichzeitig aktiviert. So kann der Ekel mit dem Gefühl der Häßlichkeit und der Verachtung oder des Mißgeschmacks kombiniert sein, d.h. gleichzeitig ins Bewußtsein treten.

Der Ausschlag im Gesicht eines Menschen kann Ekel und ein Gefühl der Häßlichkeit, Abneigung oder auch Mitleid erwecken. Das Schmutzige einer Handlung kann Ekel und Verachtung gleichzeitig erleben lassen. Man nennt dieses Mischgefühl dann Abscheu.

Als Urtrieb ist der Ekel noch mit gewissen Reflexen verbunden. Der Reflex löst ein Verhalten noch direkt aus, ohne Überlegung im Bewußtsein. Im Ekel schütteln wir uns, pressen den Mund zusammen und können sogar Brechreiz empfinden oder erbrechen, sogar durch Ekelreize im übertragenen Sinne. Das sind alles Reflexe, die Unsauberes abschütteln, nicht in den Mund kommen oder wieder ausspeien lassen sollen.

**Die Angst oder der Gefahrfluchttrieb**

*Aufgabe:*

Die Flucht aus einer das Leben bedrohenden Gefahr.

| *Unlust* | *Lust* |
|---|---|
| Angst | Das wohlige Gruseln, ein Gefühl noch ohne Namen |
| *Signale* | *Signale* |
| Empfindungen, Wahrnehmungen und Vorstellungen der Bedrohung unseres Lebens | Empfindungen, Wahrnehmungen und Vorstellungen des Entkommens aus einer Gefahr, des Entkommenseins und der eigenen Sicherheit in einer Gefahr |
| *Werte und Worte* | *Werte und Worte* |
| Gefahr, Furcht, Drohung, tausend bedrohliche und gefährliche Situationen, der Tod, drohende Gespenster, Lebensangst, Angsthase, feige, ängstlich, furchtsam | Gruseln, Krimi, Geisterbahn, "in Sicherheit", tapfer, heldenhaft |

"Die Bedrohung des Lebens" umfaßt die Bedrohung des Körpers, der Familie, des Glücks, der ganzen Existenz mit dem Besitz und dem bislang erreichten Erfolg.
Die Wertung "feige" oder "tapfer" ist keine Wertung dieses Triebes, sondern die Wertung, ob jemand sehr ängstlich ist oder seine Angst gut zu überwinden versteht. Ist man einer Gefahr entkommen, lacht man und schaudert dabei noch. Das ist das Gruseln.
Auch die Angst arbeitet noch mit Urreflexen; z.B. einer Pulsbeschleunigung. Das Herz sollte zur Flucht schneller schlagen. Blaß werden. Alles Blut sollte aus der Haut heraus zu den Muskeln fließen, damit die Beine besser laufen können. Die Haut sollte bei Verletzungen möglichst blutleer sein. Da später das Denken begann und das Tatwollen in das Bewußtsein verlegt wurde, sind die Urreflexe entartet. Die innervierte Muskelbewegung läßt nur mehr zittern. Man sprach auch schon davon, daß dies Ausdruck eines atavistischen Totstellreflexes sei. Man dachte dabei an das Schwachwerden der Knie und die Ohnmacht in der Angst.
Schreck ist eine plötzlich aktivierte Angst. Durch die plötzlich einsetzende Stärke der Angst sind die körperlichen Auswirkungen am heftigsten und können sogar töten. Das Schreckerlebnis ist Angst plus Empfindung dieser körperlichen Reaktionen, also plus Totstellreflex.
Als Furcht bezeichnen wir eine Angst vor etwas, also Angst mit der Vorstellung der Bedrohung.

**Der Ärger oder der Abwehrtrieb**

*Aufgabe:*

Die Abwehr und Vernichtung des Gegners, der uns angreift, sowie die Abwehr oder Vernichtung des Objektes, das unser Leben und Streben behindert oder stört.

| | |
|---|---|
| *Unlust* | *Lust* |
| Ärger, Wut, Zorn, Mißmut, Gereiztheit | Noch namenlos, Lust beim Austoben der Wut, sich entladender Zorn, Vernichtungsrausch |
| *Signale* | *Signale* |
| Empfindungen, Wahrnehmungen und Vorstellungen eines Angriffs sowie einer Störung oder Behinderung unserer Person, unseres Lebens und Strebens | Empfindungen, Wahrnehmungen und Vorstellungen der Abwehr, Vernichtung und Schädigung des angreifenden, störenden oder behindernden Objektes sowie der Beschimpfung, die eine Schädigung mit Worten ist |
| *Werte und Worte* | *Werte und Worte* |
| Angriff, Störung, Behinderung, gereizt, Ärger, beschimpft werden, ärgerlich, mißmutig, Frustration | schimpfen, Vogel zeigen, mit Tiernamen belegen, anbrüllen, Wut austoben, "heiliger Zorn" |

Wer hat bisher daran gedacht, daß der Ärger einen Zweck hat? Man meinte, man ärgere sich einfach nur so, weil einem verschiedenes nicht so hinausgeht, wie man es sich wünscht. Oder eben einfach deshalb, weil man geärgert wird. Aber wozu ärgert man sich? An diese zweite, zielkausale Frage dachte niemand.

Starker Ärger ist Wut. Auch Zorn oder Jähzorn ist das gleiche elementare Gefühl. Der Jähzorn ist ein schnell und heftig auftretender Zorn. Ebenso identisch ist das, was wir Mißmut und Gereiztheit nennen. All das sind Gefühle und Stimmungen des aktivierten Abwehrtriebes und Ärgers.

Auch der Ärger kennt Reflexe. Zur Abwehr sollten wir angreifen und uns wehren. Daher ballen wir in der Wut die Fäuste und beißen die Zähne zusammen, so daß sie manchmal sogar knirschen. Dazu kommt ein Kampfgeschrei. Im Zorn brüllen wir den Gegner an. Wir werden instinktiv lauter. Selbstverständlich kann der Ärger mit anderen Gefühlen gemischt sein. Mit der Depression macht er die grantige Stimmung. Mit starker Abneigung wird die Wut vernichten wollender Haß. Sodann gibt es eine Mischung von Haß, Verachtung und lustvoller Wut. Weil wir den Gehaßten gleichzeitig mit unserer Verachtung strafen, treffen wir den Gegner vernichtend mit dieser Abwertung und können nun die Wut genießen.

Das meiste tut der Mensch heutzutage mit Worten. Es ist hochinteressant zu erkennen, daß der Abwehrtrieb den uns angreifenden Gegner und das behindernde oder störende Objekt nicht nur physisch, sondern auch psychisch, mit Worten, zu vernichten oder zu schädigen sucht. Die Schädigung gelingt auch, wenn wir den Wert des Gegners vernichten. Darum sagen wir zu ihm Idiot, nennen ihn

Hund oder Schwein. Da wir gleichzeitig angeregt sind zu brüllen, kommt es zum Anbrüllen und Beschimpfen.
Wir bewerfen dabei den Gegner nicht mehr mit Steinen, sondern bewerfen ihm mit den ihn und seinen Wert vernichtenden Worten. Wir werfen ihm dabei oft mehr hin, als wahr ist, und werden so ungerecht. In der Wut war uns eben alles recht. So müssen wir hinterher manches bereuen, was wir in der Wut gesagt, getan, geschrieben haben.
Ist die Wut einmal erregt und der Gegner nicht da, so ist der Gereizte an sich in der Stimmung zu schlagen oder zu schimpfen. Manche sind das immer, weil ihr Abwehrtrieb allzu leicht erregbar ist und schon auf Kleinigkeiten reagiert.
Fast jeder Ärger hat zwei Ursachen, und wir können ihn daher auch in beiden Ursachen bekämpfen. Das beachtete man bisher kaum. Da der Ärger in unserem Mißerleben eine so große Rolle spielt, uns so oft ärgert, daß wir uns schon ärgern, weil der Ärger selbst unser Wohlbefinden stört, sollten wir das Ärgergesetz doch recht genau betrachten, nachdem wir es nun kennen.
Mit Ärger, Gereiztheit, Mißmut, Wut reagieren wir, wenn etwas unser Streben behindert oder stört. Der Ärger kann nur stark sein, wenn beide Ursachen stark sind. Ärger kann nur entstehen, wenn nicht nur eine Behinderung oder Störung sichtbar wird, sondern auch ein starkes Streben vorhanden ist, für welches das Wahrgenommene eine Behinderung oder Störung bedeutet. Ärgern wir uns täglich über das gleiche und können das Ärgerobjekt nicht beseitigen, so können wir doch einfach das eigene Streben abstellen oder so abändern, daß es dann nicht mehr gestört oder behindert werden kann. Da diese Ursache in

uns selbst liegt, können wir sie besser beeinflussen als das außer unserem Machtbereiche liegende Ärgerobjekt. Ist der Ärger schon da, so können wir auch noch die Unlust in Lust verwandeln. Wir toben ihn aus. Wir spielen ein Vernichtungstheater an irgendeinem Objekt, sprechen eine Schimpfkanonade in unser Diktiergerät, schreiben einen geharnischten Brief oder gehen in den Keller, um Holz zu hacken, falls wir noch keine Zentralheizung haben. Sonst erfüllt auch ein Boxgerät den gleichen Zweck. Am nächsten Morgen hören wir unseren eigenen auf Tonband aufgenommenen Schimpfmonolog an, lachen darüber und diktieren dann, inzwischen mit Einschaltung der Vernunft, den richtigen Brief.

Hineingefressener Ärger macht krank, ausgetobt ist er gesund. Besser ist es, die Ursachen des Ärgers auszuschalten. Der Abwehrtrieb ist mit dem sonst diskutierten Aggressionstrieb identisch, jedoch keineswegs die Ursache aller Aggressionen. Er ist ein Verteidigungstrieb.

**Das Streben nach Besitz**
**Der Sammeltrieb**

*Aufgabe:*

Die Schaffung einer Versorgungs- und Leistungsgrundlage im Besitz, insbesondere für die Familie als Zelle der Gesellschaft.

| *Unlust* | *Lust* |
|---|---|
| Gefühl der Habgier | Freude am Besitz<br>Reichtum und Gewinn |
| *Signale* | *Signale* |
| Wahrnehmungen und Vorstellungen, die uns etwas zeigen, das wir noch nicht haben, jedoch haben wollen | Wahrnehmungen und Vorstellungen eines vorhandenen Besitzes und der Mehrung des Besitzes, vor allem eines Gewinns. |
| *Werte und Worte* | *Werte und Worte* |
| Armut, Habsucht, Geiz | Besitz, Reichtum, Geld, Vermögen, Gewinn |

Reichtum und Besitz sind heute so umfassende Tatsachen, Werte und Begriffe geworden, daß sie nicht nur Ziel eines einzigen elementaren Triebes sind. Es gibt Reichtum und Besitz für viele Triebe. Es gibt einen "Besitz für", nämlich für die Wunscherfüllung vieler Triebe. Das Geld ist das große Tauschmittel für die zukünftigen Gefühle geworden. Man hat es mit Unlust erworben, damit man eine größere Lust eintauschen kann oder sich von einer anderen drohenden Unlust der Zukunft befreien kann.
Geldbesitz gibt vielen Trieben eine Aussicht auf Erfolg und Wunscherfüllung; er ist damit Anreiz auch für andere Lustgefühle, nicht nur für die Lust des reinen Sammeltriebes. Besitz und Gewinn geben Hoffnung. Besitzverlust macht Niedergeschlagenheit und Depression. Das sind Gefühle eines eigenen elementaren Triebes.
Mit all diesem zusammen gibt es neben dem reinen, elementaren Sammeltrieb einen festen Triebkomplex, doch fast wie ein elementarer Trieb wirkt, weil er bei fast allen Menschen gleich oder ähnlich funktioniert.
Wohlstand und Reichtum sind heute so begehrt, daß der hinter dem Wunsch stehende Triebkomplex, im Parlament der Triebe eine große Koalition von Parteien, zur mächtigsten Antriebskraft aller menschlichen Leistungen wird.
Die Leistungen werden um so größer, je exakter Wohlstand und Reichtum nur durch Leistung vermehrt werden können. Jeder Lohn ohne Leistung muß daher den Leistungswillen und die Leistungsfreude mindern, jede Erhöhung für die Leistung beides stärken. Dieses psychologische Gesetz wird leider zuwenig beachtet.

*Fünf Triebe der "Liebe"*

In den ersten sieben elementaren Funktionseinheiten der Psyche haben wir noch verhältnismäßig primitive und egoistische Triebe gesehen. Ihr Ziel war mehr oder weniger das der eigenen Lebenshaltung. Weitere Triebe dienen der Arterhaltung. Hier sind die Triebmechanismen bereits deutlich auf das "Du" gerichtet, auf den Partner, der zur Arterhaltung notwendig ist, und auf die Familie und Gesellschaft, welche beim Tier noch die Herde war, die zur Arterhaltung irgendwie mit einem Trieb oder Instinkt zusammengehalten werden mußte.
Wir können 5 elementare Liebestriebe voneinander unterscheiden, ganz deutlich und einwandfrei. Damit kann manches "Geschwafel" von der Liebe ein Ende finden. Die elementaren Liebestriebe sind ein Wunder der Schöpfung und selbst so wunderbar, daß niemand zu bedauern braucht, daß wir "die Liebe" auf diese Weise sezieren.
Die Behauptung, die Liebe sei "irrational", ist mit der Aufdeckung der 5 Elemente der Liebe, d.h. der 5 bei der Liebe mitspielenden seelischen Funktionseinheiten, widerlegt. Die Elementaranalyse der Liebe eines Menschen kann nunmehr genaue Auskunft darüber geben, wie die Liebe des Betreffenden beschaffen und zusammengesetzt ist.

## Der Sexualtrieb

*Aufgabe:*

Die sexuelle Annäherung und Berührung, weil diese zur Befruchtung und Fortpflanzung nötig ist.

| | |
|---|---|
| *Unlust* | *Lust* |
| Gefühl der Sexualbegierde | Wollust, Orgasmus |
| *Signale* | *Signale* |
| Empfindungen, Wahrnehmungen und Vorstellungen eines Partners und von Sex überhaupt in Verbindung der Noch-nicht-Berührung und Nichterfüllung | Empfindungen, Wahrnehmungen und Vorstellungen der sexuellen Berührung, auch mit den Augen, sowie der Erfüllung des Sex-Wunsches |
| *Werte und Worte* | *Werte und Worte* |
| alle Sex-Reize | Die körperliche Liebe, alle Sex-Worte, erogene Zonen, Orgasmus, Küssen, Streicheln, sexy |

Der Sexualtrieb besteht, genaugenommen, aus zwei Trieben, erstens dem Contumeszenz-Trieb, welcher seine Befriedigung in der Annäherung und Berührung, auch schon beim Ansehen eines Partners und beim sexuellen Gespräch, suchen kann, und zweitens dem Detumeszenz-Trieb, der bei beiden Geschlechtern den Orgasmus wünscht und und in diesem starke Lust und Befriedigung findet. Der eine Trieb will die Annäherung und das vorbereitende Liebesspiel, der andere die Befurchtung selbst. Die Menschheit hat auch mit diesem Trieb unendlich viele Vorstellungen verbunden, die deshalb mitwirken können. Abgesehen davon spielen natürlich die 4 anderen Liebestriebe mit, und alles kann zu einem Mischgefühl und gemischten Gesamterlebnis werden.
Ein Reiz für den Sexualtrieb ist die Wahrnehmung und Vorstellung des Sexual-Partners. Hier reizen ganz bestimmte Eigenschaften. Diese sind nicht irrational, aber bei verschiedenen Menschen verschieden, und sie hängen auch von dem ab, was als Idealbild teils angeboren, teils anerzogen vorgestellt wird. Ganz allgemein gilt, daß das gesunde Aussehen, welches zeigt, daß der Partner auch wirklich fortpflanzungsfähig ist, auf den Triebinstinkt anregend wirkt. Aus diesem Grund reizen bei der Frau die faltenlose Haut, die Röte der Lippen, ein voller Busen, beim Mann die gesunde Kraft oder die Intelligenz, welche ebenfalls hochwertige Nachkommen verspricht. Wer den Sex-Instinkt des Partners reizen will, hebt diese Eigenschaften und Bilder hervor.
Da diese Signale und Reize instinktiv wirken, ohne die Vernunft zu fragen, erscheint die Liebe irrational. Sie folgt zwar nicht der Vernunft, doch unser Verstand kann erforschen, warum und wozu sie so reagiert. Sie ist nicht

unerforschlich, was man mit dem Wort "irrational" zu verstehen meinte, weil man Vernunft und Verstand verwechselte.

Das Sex-Vorbild kann krankhaft verbogen sein. Dadurch entstehen die Perversitäten, oder es wirken einzelne Eigenschaften besonders stark. Der eine ist auf Busen, der andere auf besondere Jugend, der dritte auf Kleidungsstücke "scharf". So werden oft auch Teile für das Ganze genommen. Das ergibt dann den sogenannten Fetischismus.

**Die Sehnsucht**

*Aufgabe:*

Die Sehnsucht soll als unsichtbares, psychisches Band und als Anziehungskraft den Menschen stets wieder dahin ziehen, wo er seine Heimat, sein Heim, seine Geliebten und seine Familie hat.

| *Unlust* | *Lust* |
|---|---|
| Sehnsucht, Heimweh, Abschiedsschmerz | Wiedersehensfreude |
| *Signale* | *Signale* |
| Wahrnehmungen und Vorstellungen der Entfernung vom geliebten Objekt | Wahnehmungen und Vorstellungen der Wiederannäherung und lokalen Vereinigung mit dem geliebten Objekt |
| *Werte und Worte* | *Werte und Worte* |
| Heimat, Liebe, Sehnsucht, Heimweh, Abschied | Wiedersehen, Zusammensein |

Die Signalvorstellung enthielt den Begriff "Entfernung vom geliebten Objekt". Entfernung ist hier sowohl der Abstand vom Objekt als auch die Bewegung der Entfernung. Daher kann die Qual auch beim Abschied entstehen. In den Gefühlen Heimweh und Abschiedsschmerz ist die Unlust der Sehnsucht enthalten.
"Geliebte Objekte" können Personen, Tiere, Dinge oder Landschaften sein. Man kann bei der Definierung der Signalvorstellung hinzufügen "und vom Objekt, das durch seine Nähe Wünsche zu erfüllen pflegt".

**Die Sympathie**

Aufgabe:
Der Mensch soll sich dem Objekt zuwenden (zuneigen), welches das zielstrebige Leben fördert und sich von dem Objekt wegwenden (abneigen), welches dem zielstrebigen Leben abträglich ist.

| *Unlust* | *Lust* |
|---|---|
| Abneigung, Antipathie, Haß | Zuneigung, Sympathie, Liebe |
| *Signale* | *Signale* |
| Wahrnehmungen und Vorstellungen eines Objektes, das negative Gefühle erweckt | Wahrnehmungen und Vorstellungen eines Objektes, das positive Gefühle erweckt oder selbst Objekt einer Wunscherfüllung ist |
| *Werte und Worte* | *Werte und Worte* |
| hassenswert, unsympathisch, nicht gewählt | die reine Liebe, sympathisch, "Geliebter", gewählt |

Die Gefühle der Zuneigung oder Abneigung werden vom Bewußtsein auf ein Objekt projiziert.
Die Zuneigung wird instinktiv auch über den Sexualtrieb aktiviert, wenn das Objekt selbst diesen aktiviert und damit zu dessen Wunscherfüllung selbst als Objekt benötigt wird.
Man kann jedoch auch sexuelle Begierde zu einem Menschen fühlen und gleichzeitig Haß, wenn der Betreffende einerseits den Sexualtrieb reizt, andererseits wegen bestimmter Eigenschaften z.B. Verachtung, Abscheu oder Wut erweckt. Das ist die Haß-Liebe.
Die Sympathie kann man die reine Liebe nennen. Was ist "Verliebtsein"? Ich meine, daß es ein Mischgefühl von sehr stark aktivierter Zuneigung mit Sehnsucht und einem neuen Gefühl der Hoffnung auf wunderbare Zeiten der Liebe ist. Darum die Heiterkeit und das Tanzen-Wollen. (Siehe die Gefühle Heiterkeit und Depression).
Auch bei der Sympathie, dieser reinen Liebe, spielen Assoziationen eine große Rolle.

**Der Fürsorgetrieb**

*Aufgabe:*

Dieser Trieb soll die Menschen sich, vor allem in der Not, gegenseitig helfen lassen. Fürsorge für die Familie und vor allem für die Hilfsbedürftigen und Kinder.

| *Unlust* | *Lust* |
|---|---|
| Sorge, Mitleid | Gefühl der Güte, Freude beim Schenken, Gefühl der Zärtlichkeit |
| *Signale* | *Signale* |
| Wahrnehmungen und Vorstellungen der Hilfsbedürftigkeit anderer, von Leidendem, Schwachem, Zartem, Kleinem, Kindlichem, Zierlichem, Unterdrücktem | Wahrnehmungen und Vorstellungen des Umsorgens, Helfens, Schenkens, Steichelns, Tröstens, vor allem bei schwachen, geliebten, leidenden Wesen |
| *Werte und Worte* | *Werte und Worte* |
| Kinder, zart, klein, leidend, schwach, hilfsbedürftig, unterdrückt, arm | Güte, Zärtlichkeit, Nächstenliebe, Schenken, Helfen, klein, niedlich, zart |

Beim Tier sehen wir den Brutinstinkt und Muttertrieb. Auch beim Menschen ist dieser Trieb bei der Mutter für ihre Kinder am stärksten ausgeprägt.
Der Fürsorgetrieb ist die Wurzel des Altruismus. Wer diesen stärken will, sollte vor allem an diesen elementaren Trieb apellieren. Man tut es auch, wenn man von den Armen und Schwachen und von den hungernden Kindern spricht und schreibt.
Dieser Trieb macht den Mann zum Beschützer und Kavalier und läßt die Frau zärtlich und umsorgend sein. Dieser Trieb ist der uneigennützigste Bestandteil der Liebe. Daß seine Gefühle mit den Gefühlen der vier anderen Liebestriebe in einer steten Wechselbeziehung stehen können, als Mischgefühle auftreten, und daß die Erfüllung dieses Triebes für den Wunscherfüller auch die Zuneigung animiert, ist leicht einzusehen. So liebt die Mutter ein zartes, hilfsbedürftiges Kind oft mehr als das gesunde.

**Der Geselligkeitstrieb oder Herden- oder Familientrieb**

Aufgabe:
Das Einzelwesen zur Familie, Gesellschaft, Herde zu führen, wo es Schutz findet und seine Lebensaufgabe besser erfüllt.

| *Unlust* | *Lust* |
| --- | --- |
| Gefühl der Einsamkeit und Verlassenheit | Gefühl der Geselligkeit und Geborgenheit |
| *Signale* | *Signale* |
| Wahrnehmungen und Vorstellungen des Allein-, Einsam-, Verlassenseins | Wahrnehmungen und Vorstellungen, wieder in Gesellschaft, nicht mehr allein, nicht mehr verlassen zu sein |
| *Werte und Worte* | *Werte und Worte* |
| Einsamkeit, allein, verlassen, Budenangst | Zweisamkeit, Geselligkeit, Geborgenheit, verheiratet, Familie, Familiensinn |

Wie wichtig dieser elemetare Trieb in der "Liebe" ist, zeigt die genaue Analyse des Wunsches zur Ehe und auch zur sonstigen Zweisamkeit. Er ist zumeist stärker als der Sexualtrieb vertreten, dem man bisher so gut wie alles zugeschrieben hat. Erkennt man das, so weiß man auch, daß zur Wunscherfüllung keineswegs immer eine Ehe nötig ist. Und man kann vielen Alten helfen, in Geselligkeit Befriedigung zu finden. Der Mensch will geborgen sein.
Daß in der Einsamkeit auch das Gefühl der Langeweile quält und daß es in der Geselligkeit kurzweiliger ist, das liegt an den Gefühlen eines anderen Triebes. Auch wenn man beim Treffen mit anderen die Lust der Wiedersehensfreude erlebt oder in der Einsamkeit auch noch Sehnsucht erleiden muß.
Wer ein einsam gelassenes kleines Lämmchen oder auch ein großes Tier, das man aus seiner Herde entfernt, wehmütig blöcken oder sonst leiden hört, erkennt auch im Tier das Gefühl der Verlassenheit, diese Unlust und Qual des Herdentriebes.
Der Einsame fühlt sich schon auf der Straße nicht mehr so allein wie in seinem Zimmer. In diesem aber kann ihm schon ein Hund, der atmet, helfen.

*Acht Triebe für die Organisation der Gesellschaft*

Acht elementare Triebe (Funktionseinheiten der Psyche), welche die Elementaranalyse fand, besitzen eine Funktion, die der Ordnung der Gesellschaft und der Einordnung der einzelnen in diese dienen sollen. Ob sie ihre Aufgaben heute mehr oder weniger vernünftig erfüllen, ist eine andere Frage. Sie sind jedoch als vorhanden zu erkennen. Unsere menschliche Aufgabe ist es, sie so der Vernunft unterzuordnen und psychologisch, weltanschaulich-philosophisch und und politisch so einzugliedern und auszuwerten, daß daraus eine optimale Ordnung resultiert.

Die Einsicht in den Zweck dieser Triebe mag uns dabei helfen.

**Der Geltungstrieb**

*Aufgabe:*

Soll zur Vervollkommnung den eigenen Wert stetig am Wert und an der Wertung anderer messen und erhöhen.

| *Unlust* | *Lust* |
|---|---|
| Scham, Gefühl der Blamage und Minderwertigkeit | Gefühl des Stolzes |
| *Signale* | *Signale* |
| Wahrnehmungen und Vorstellungen, die uns bedeuten, daß unser Wert gering eingeschätzt wird oder herabgesetzt wurde | Wahrnehmungen und Vorstellungen, die uns bedeuten, daß unser Wert hoch eingeschätzt wird oder heraufgesetzt wurde |
| *Werte und Worte* | *Werte und Worte* |
| Blamage, Worte der Geringwertigkeit, Tadel, Beschimpfung, Herabsetzung, Degradierung Entehrung, Belegung mit Tiernamen oder "Idiot", eine Ohrfeige erhalten, "Das Gesicht verlieren", Beschämung, Kränkung, Beleidigung, Verletzung mit Worten, Empfindlichkeit | Stolz, Lob, Anerkennung, Hochwertigkeit, Auszeichnung, Hochschätzung, Orden, Titel, geliebt, geachtet, geschätzt, Prestige |

Der elementare Geltungstrieb, den die Schule der Psychoanalyse, welche Alfred Adler folgt, weitgehend mit ihrem Machttrieb verwechselt, dürfte heute einer der am stärksten wirksamen Triebe sein. Leider ist er in der Politik stärker als die Vernunft vertreten. Das Prestige gilt mehr als die Wohlfahrt.

Beim Minderwertigkeitskomplex glaubt man selbst nicht an den eigenen Wert und mißt ihn daher dauernd von neuem an den Aussagen anderer Menschen, dic man überbewertet, wodurch man immer gekränkt ist.

Die Unlust der Blamage, welche identisch mit dem Minderwertigkeitsgefühl und der Scham ist, macht krank. Daher das Wort "Kränkung". Man ist "geknickt", "verletzt". Hier kommt hinzu, daß die Herabsetzung unseres Wertes gleichzeitig einen Verlust (an Wert) bedeutet und daher nicht nur Scham, sondern auch Trauer und Depression auslöst, was auch wieder krank macht, weil es alles lähmt.

## Der Machttrieb

*Aufgabe:*

Dieser Trieb soll andere sinnvoll einordnend unterwerfen. Er soll der Organisation der Gesellschaft (beim Tier der Herde) dienen.

| *Unlust* | *Lust* |
| --- | --- |
| Noch namenlos, Gefühl der Unterlegenheit und Ohnmacht | Das Machtgefühl bis zum Machtrausch |
| *Signale* | *Signale* |
| Wahrnehmungen und Vorstellungen der eigenen Unterlegenheit, Ohnmacht, Knechtschaft | Wahrnehmungen und Vorstellungen der eigenen Macht und Herrschaft |
| *Werte und Worte* | *Werte und Worte* |
| Ohnmacht, besiegt sein, unterlegen, Knechtschaft | Macht, Überlegenheit, Herr sein, Chef |

Da der Machttrieb und der Geltungstrieb ähnliche Signale haben, weil Macht auch Geltung verschafft, so spricht der Mensch auf viele Vorstellungen mit den Gefühlen beider Triebe gleichzeitig an. Da der Geltungstrieb jedoch einwandfrei auch ohne Machttrieb funktioniert, ist es klar, daß beide getrennte, elementare Triebe sind.
Die Beobachtung zeigt, daß der Fähige meist mehr Machttrieb spürt als der Untalentierte. Der unterjochte Fähige revoltiert stärker. Wir erkennen hier, was die Natur wollte: den Fähigen an die Macht setzen, damit er über die Unfähigen regiert; denn nur so kann sich eine Masse zum Wohle aller organisieren.

## Der Unterordnungstrieb

*Aufgabe:*

Soll dazu drängen, daß man sich dem Begabteren und Mächtigeren selbst zu unterwerfen sucht und so eine vollkommene Organisation der menschlichen Gesellschaft ermöglicht.

| *Unlust* | *Lust* |
|---|---|
| Noch namenlos, Gefühl der Unbotmäßigkeit | Gefühl der Demut und Verehrung, Lustgefühl der Hingabe |
| *Signale* | *Signale* |
| Wahrnehmungen und Vorstellungen, die uns eine eigene oder fremde Nichtunterwerfung unter einen hochgeachteten Vorgesetzten oder eine Autorität anzeigen | Wahrnehmungen und Vorstellungen der eigenen Unterwerfung unter einen Mächtigen, sowie eines Sich-Hingebens |
| *Werte und Worte* | *Werte und Worte* |
| Unbotmäßigkeit, Rebellion | "Mein Herr und Gebieter", Allmächtiger, Autorität, Demut, Hingabe |

Der Unterwerfungstrieb soll sicherlich auch in der Familie eine gewisse patriarchalische Ordnung garantieren. Eine Frau gibt sich gerne, eben mit Lust, einem Manne hin, vor allem, wenn er ein Mächtiger ist. Wo es Helden und Diktatoren gab, entstand gleichzeitig eine Art Hingabesucht bei vielen Frauen. Diese Hingabe hat mit der sexuellen Erwartung nichts zu tun, wenn sie auch damit vermischt sein kann.

Triebe, die im täglichen Leben nicht sehr deutlich in Erscheinung treten, kann man oft an krankhaften Entartungen, die nur eine Übersteigerung sind, deutlicher erkennen. So diesen Trieb im Masochismus, während der Machttrieb im Sadismus seine Übersteigerung findet. Der Masochist wünscht sich zu unterwerfen, ja sogar bestraft und geschlagen zu werden. So merkwürdig es klingt, aber man kann beobachten, daß beim Bestraftwerden, wenn damit eine Unterwerfung unter eine sinnvolle Ordnungsmacht verbunden ist, auch normale Menschen trotz der Unluststrafe eine gewisse befreiende Lust erleben können. Als Nervenarzt kannte ich viele Masochisten, die ich auch vor Gericht begutachten mußte. Immer sah ich in ihrem Verhalten den Unterwerfungstrieb, auch dann, wenn sich, was oft geschieht, die Lust des Triebes mit einer sexuellen Lust assoziativ verband.

Viele Frauen erleben eine besondere Lust in der Liebe, wenn sie beim Mann eine gewisse Macht und Brutalität miterleben.

Bei der Analyse und Erforschung menschlichen Verhaltens, vor allem auch bei Abartigkeiten, sagte ich mir immer: Hier muß doch irgendeine normale Funktion mitwirken. Aus nichts wird nichts. Ohne Struktur gibt es keine Kraft. Im heute oft Sinnlosen muß ein Ursinn entdeckbar

sein. Auch dadurch kam ich auf so manche Elemente der Psyche. Die Beobachtung der Masochisten ließ mich den Unterordnungstrieb klarer erkennen. Und dann konnte ich auch beobachten, daß selbst normale Menschen einen solchen Trieb besitzen: sogar die Mächtigen, die immer noch eine höhere Macht auf diese Weise anerkennen.
Da heute das Wort "Untertan" verpönt ist, versucht man unterbewußt, diesen Trieb nicht anzuerkennen. Ein weiterer Trieb dient ebenfalls dieser Ordnung.

**Achtung-Verachtung oder der Verehrungstrieb**

*Aufgabe:*

Der Mensch soll das Hochwertige achten und bewundern, das Minderwertige verachten und so ebenfalls der Ordnung und Vervollkommnung dienen. Diese FE soll das Hochwertige wählen, das Minderwertige verstoßen.

*Unlust*

Gefühl der Geringschätzung und Verachtung

*Signale*

Wahrnehmungen und Vorstellungen, die uns an einem Objekt eine Minderwertigkeit, Unvollkommenheit, Niedrigkeit anzeigen. Das Gefühl der Verachtung richtet sich auf das minderwertige Objekt

*Werte und Worte*

niedrig, minderwertig, schlecht

*Lust*

Gefühl der Achtung und Bewunderung

*Signale*

Wahrnehmungen und Vorstellungen, die uns eine Hochwertigkeit, Vollkommenheit, Größe, Erhabenheit anzeigen. Das Gefühl der Achtung richtet sich auf das hochwertige Objekt

*Werte und Worte*

erhaben, groß, bewunderungswürdig, grandios, majestätisch, meine Bewunderung, meine Verehrung, Andacht, Verehrung

Da die genannten Reize keine anderen Gefühle auslösen, also weder Wollust noch Appetit, weder Schadenfreude noch sonst ein anderes elementares Gefühl, muß ein eigenes elementares Gefühl vorhanden sein. Wir können es deutlich erkennen, wenn wir Achtung, die gleichzeitig Bewunderung ist, oder Verachtung fühlen.
Dieser Trieb ist ein Antagonist zum Geltungstrieb. Er soll werten, und der Geltungstrieb mißt sich an dieser Wertung.
Ein Mischgefühl von Demut und Achtung wird zur Andacht, ein Mischgefühl von Ekel und Verachtung zur Abscheu, Verachtung mit starker Abneigung, evtl. auch mit Zorn gemischt, zum Haß.
Ähnlich wie die FE der Sympathie und des ästhetischen Sinnes dienen die Gefühle der Achtung und Verachtung einem Auswählen. Wir sollen das Geachtete wählen und aussuchen, das Verachtete jedoch nicht wählen, verstoßen und meiden. Dazu ist uns dieser Trieb gegeben worden. Wie aber nützen wir diesen Trieb?

**Das Gewissen oder**
**Der ethische Trieb**

*Aufgabe:*

Soll uns das Gute tun und das Schlechte und Böse vermeiden lassen.

| *Unlust* | *Lust* |
|---|---|
| Schuldgefühl, Gewissensbisse | Gefühl der Unschuld und des reinen Gewissens |
| *Signale* | *Signale* |
| Wahrnehmungen und Vorstellungen eigener schlechter und böser Taten | Wahrnehmungen und Vorstellungen von guten Taten und von: nicht schlecht gewesen zu sein |
| *Werte und Worte* | *Werte und Worte* |
| Schuld, Sünde, Gewissensbisse, Untat, böse Tat, Verbrechen, anderen schaden, zerknirscht | Unschuld, reines Gewissen, gute Tat |

Das Gewissen galt immer als "die Stimme Gottes" in uns Menschen. Das Gewissen sollte uns als ein geheimnisvoller Gottesfunke und wie ein uns vor eigenen bösen Taten schützender Engel durch das Leben führen.
Das Gewissen ist auch ein leitender Engel. Wir erkennen aber, daß auch das Gewissen ein Triebmechanismus - nicht anders als die anderen Triebe - ist, ein eingebauter, angeborener Sinn, der das Gute wählen, das Schlechte meiden lassen soll. Auch die anderen Triebe sind eine Stimme Gottes in uns, nur mit einer anderen Aufgabe.
Was als gut und was als schlecht gewertet wird, ist einerseits im angeborenen "Wissen" des Gewissens diesem bekannt, doch andererseits auch noch von dem abhängig, was Erziehung, Tradition und Umwelt in die Begriffe vom Guten und Bösen hineingelegt haben. Von der Kirche erzogen, erhält das Gewissen seinen religiösen Charakter.
Sonst befiehlt das Gewissen so ungefähr:
"Was du nicht willst, daß man dir tut, das füg auch keinem andern zu!"
Das Gefühl der Reue gehört zu einem anderen elementaren Trieb. Schuldgefühl und Reue werden jedoch oft zusammen erlebt, weil schlechte Taten oft, nicht immer, beide Gefühle aktivieren. Da Reue auch unabhängig von "gut" und "böse" erlebbar wird, zeigt sich einwandfrei als ein anderes elementares Gefühl.

## Der Neid

*Aufgabe:*

Soll uns dazu drängen, daß wir auf der Stufenleiter des Erfolges nicht zurückbleiben, sondern die anderen einholen und überholen.

*Unlust*

Neid

*Signale*

Wahrnehmungen und Vorstellungen, die uns zeigen, daß andere mehr haben, mehr können, mehr sind, schneller weiterkommen als wir selbst

*Werte und Worte*

Mißgunst, neidisch, anderen nichts gönnen

*Lust*

Schadenfreude

*Signale*

Wahrnehmungen und Vorstellungen, die uns zeigen, daß andere weniger haben, können, sind, langsamer weiterkommen als wir selbst

*Werte und Worte*

schadenfroh, lächerlich, da muß ich aber lachen, Dummkopf, stolpern, zurückbleiben

So sehr das Gewissen zum Ursprung des Guten wird, so sehr ist der Trieb, dem der Neid und die Schadenfreude zugehören, ein Ursprung des Bösen geworden. Man könnte natürlich sagen, das eine sei die Stimme Gottes, das andere die Stimme des Teufels. Doch ich sage anders: Beide Triebe sind uns für bestimmte Aufgaben gegeben worden. Der Neidtrieb war jedoch ein Konstruktionsfehler des Schöpfers. Auch das gibt es. Die EPS kann genau erkennen, wo der Fehler liegt, der diesen Trieb zum Trieb des Bösen werden lassen kann: Wir können auch überholen, wenn wir den anderen zurückreißen, ihn schädigen, von seiner Stufe herunterstoßen, ihn am Steigen und uns Überholen behindern. Das ist der Fehler, und in diesem instinktiven, triebhaften Wollen liegt das Böse begründet. Andere Triebe können aus Egoismus das Böse wollen. Der Neid und auch der Abwehr- und Vernichtungstrieb können das Böse, eben die Vernichtung oder eine Schädigung anderer, direkt wünschen.

Als eine Form des Neides sehen wir die Eifersucht. Sie ist nichts anderes als ein intensiver Neid auf den, der in der Liebe oder Achtung beim Geliebten die Stufe erreicht hat, auf der wir selbst und allein stehen wollen.

Neid leidet, wenn der andere höher steht und mehr erreicht hat. Unser Wunsch wird, daß es ihm genommen wird. Wir mißgönnen es ihm. Das ist die Mißgunst.

Die EPS erkennt auch, daß diese FE mit dem Lustgefühl der Schadenfreude eine Hauptursache für das Lachen ist und reflektorisch Lachen auslöst. Das meiste, was uns im Humor zum Lachen reizt, sind Wahrnehmungen und Vorstellungen, daß andere zurückgeblieben sind, sich blamieren, Nachteile haben, Dummköpfe sind, als solche etwas verwechseln. Vor allem, wenn andere stolpern, können wir sie überholen. So ging es im Urwettlauf. Fast alle Clownerien zeigen, daß der Clown dumm, mißgebildet, zurückgeblieben ist, stolpert oder in eine falsche Richtung läuft, wo er zurückbleiben muß; daß er etwas verwechselt, geohrfeigt oder sonst schlecht behandelt wird. Da müssen wir lachen.

Was ein zurückgesetztes Kind krankmachen kann, was es quält und an seinem kleinen Herzen nagt, was es zur Neurose, sogar zum Haß und zum Bösen bringen kann, das ist Neid, nicht, wie Alfred Adler meinte, der Machttrieb des Kindes. Löst man daher einen solchen Komplex vom Neid her auf, kommt man weiter. Mit Neid und Eifersucht muß ein Kind reagieren, wenn man ihm dazu Anlaß gibt. Wo Eltern das Gesetz des Neides kennen, werden sie das Auftreten dieser Qual verhindern können.

**Der Freiheitsdrang**

*Aufgabe:*

Soll dazu drängen, die Freiheit der Bewegung sowie die Freiheit für die persönliche Entfaltung da wieder zu erreichen, wo sie eingeengt wurde.

| *Unlust* | *Lust* |
|---|---|
| Gefühl der Unfreiheit und des Eingesperrtseins, der Freiheitsdrang | Gefühl der wiedererlangten Freiheit, Freiheitsrausch |
| *Signale* | *Signale* |
| Empfindungen, Wahrnehmungen und Vorstellungen des Eingesperrtseins, der Unfreiheit sowie der Einengung der freien Auswirkung und Entfaltung | Empfindungen, Wahrnehmungen und Vorstellungen der erreichten oder wiederhergestellten Freiheit oder der Freiheit bei einer Gegenüberstellung mit der möglichen Unfreiheit |
| *Werte und Worte* | *Werte und Worte* |
| Unfreiheit, Knechtschaft, Gefängnis, eingesperrt, eingeengt, in Fesseln, gefangen | Freiheit, frei, endlich wieder frei, Sprengung der Fesseln, Revolution, Befreiung |

Die Unlust, die wir, eingesperrt, erleben, ist so intensiv, so typisch und so mit keinem anderen Gefühl verwechselbar, daß wir ein elementares Gefühl annehmen und anerkennen müssen. Es ist merkwürdig, daß unsere Sprache diesem intensiv erlebbaren Gefühl, das so viele schon schwer leiden ließ und oft in den Tod getrieben hat, noch keinen Namen gab. Der Grund ist wahrscheinlich einfach die bisherige Unkenntnis vom wahren Wesen eines elementaren Gefühles überhaupt. Und weil man bisher ein Gefühl von der auslösenden Vorstellung nicht mehr zu trennen verstand.

Es gibt eine allgemeine Freiheit und eine Freiheit für etwas. "Frei ist, wer selbst will, was er soll."

**Der Gerechtigkeitssinn**

*Aufgabe:*

Soll die Gerechtigkeit suchen, herstellen und wählen lassen und so der gerechten Ordnung dienen.

| *Unlust* | *Lust* |
|---|---|
| Gefühl der Ungerechtigkeit | Gefühl der Gerechtigkeit |
| *Signale* | *Signale* |
| Wahrnehmungen und Vorstellungen von Ungerechtigkeiten und ungerechten Taten | Wahrnehmungen und Vorstellungen von Gerechtigkeiten und gerechten Taten |
| *Werte und Worte* | *Werte und Worte* |
| Ungerechtigkeit, Justizirrtum, Justizmord, ungenügend bezahlte Leistung, unverdiente Belohnung, nicht gerechtfertige Strafe, unschuldig bestraft, ungerechte Verteilung von Besitz und Einkommen | Gerechtigkeit, gerechtes Urteil, wohl verdienter Lohn, wohl verdiente Strafe, gerechte Verteilung von Besitz und Einkommen |

Wenn wir irgendwo, gleich ob gegen uns selbst oder gegen andere Menschen, eine Ungerechtigkeit sehen, wallt es in uns auf. Wir erleben eine deutliche Unlust und Qual. Diese Unlust ist weder Freiheitsdrang noch Reue oder Neid. Sie ist ein eigenes Gefühl und wird immer wieder, bei jeder neuen Wahrnehmung einer Ungerechtigkeit, in gleicher Weise erlebt. Also ist diese Unlust ein elementares Gefühl. Da es immer wieder auf die gleiche Ursache und nach der gleichen Wahrnehmung oder Vorstellung auftritt, erkennen wir auch den elementaren, spezifischen, psychischen Reiz, das Signal. Auch die Aufgabe dieser FE kann man sich denken.

Hochinteressant ist, daß wir aus den Reaktionen unseres Gerechtigkeitssinnes erschließen können, was die Natur unter "Gerechtigkeit" versteht. Das kann einer zukünftigen Rechtsphilosophie und Rechtspsychologie einige Anregungen geben.

Die natürliche Gerechtigkeit ist etwas Biologisches, etwas das Leben Betreffendes, ein biologischer Zustand, eine bestimmte biologisch-soziale Ordnung. Wie sollte diese anders zu erkennen sein als durch die Erforschung biologischer Gesetze, die ein Teil der Naturgesetze sind und zu denen auch die psychologischen Gesetze gehören, da diese ja nur die biologischen Gesetze sind, welche mit dem Phänomen Bewußtsein wirken?!

Die Lebewesen sind, soweit sie schon Gefühle besitzen, von der Natur so eingerichtet, daß jede Handlung, welche irgendwie die Vollkommenheit der Organismen fördert und irgendwie eine Tat im Sinne der Evolution oder des "Göttlichen Willens" ist, mit einem positiven, angenehmen Gefühl belohnt, richtiger gesagt, von diesem Gefühl begleitet wird. Und daß jede Tat, welche gegen den Willen der Natur bzw. des Schöpfers verstößt, jede Tat, welche eine Schädigung der Gemeinschaft der Menschen ist und eine Hemmung oder einen Rückschritt im zielstrebigen Leben bedeutet, mit einem negativen, unangenehmen Gefühl bestraft wird bzw. mit einer Unlust bestraft werden soll, damit die Ordnung aufrechterhalten wird.

Das ist das Soll. Das ist der Sinn und der Zweck der Gefühle, welche absolut zielstrebig durch das Leben steuern sollen.

Aber die Lebewesen sind unvollkommen. Es kommt besonders beim Menschen zu Irrungen des Wollens.

Wegen dieser Irrungen wiederum kommt es vielfach dazu, daß Leistungen (Taten für das absolute Ziel, die Vervollkommung) nicht mit entsprechenden positiven Gefühlen belohnt werden und daß auf der anderen Seite Schädigungen der Gemeinschaft oder Unterlassungen von Soll-Leistungen nicht mit entsprechenden negativen Gefühlen bestraft oder sogar mit positiven Gefühlen belohnt werden. Außerdem verteilt der Mensch selbst Belohnungen und Strafen.

Sind die positiven und negativen Gefühle (die angenehmen und unangenehmen Seiten des Lebens) entsprechend den Leistungen und Schädigungen richtig verteilt, so ist das eine gerechte Ordnung, ein Zustand der Gerechtigkeit. Sind sie nicht richtig verteilt, so ist dies eine Ungerechtigkeit.

Der Mensch hat ein eigenes Organ, eben den Gerechtigkeitssinn oder Gerechtigkeitstrieb erhalten, damit durch diesen die vorhandenen Unvollkommenheiten ausgeglichen und beseitigt werden. Dieser erstrebt selbst elementar den Zustand der Gerechtigkeit und, wo dieser direkt nicht möglich ist, den rechten Ausgleich.

Zum Zweck der Herstellung einer gerechten sozialen Ordnung reagiert diese Triebkraft mit ihrem typischen negativen Gefühl auf Wahrnehmungen und Vorstellungen, welche der Psyche andeuten, daß erstens gute Leistungen nicht entsprechend belohnt oder gar bestraft werden, z.B. wenn Menschen, die für die Gemeinschaft etwas geleistet haben, von Armut, Leid, Unglück verfolgt werden; wenn ein Arbeiter nicht den seiner Leistung entsprechenden Lohn erhält; wenn Unschuldige bestraft werden; wenn Nichtleistungen belohnt werden; wenn jemand mehr Lohn erhält, als seiner Leistung entspricht; wenn jemand mehr Lohn oder weniger Lohn erhält, als einem anderen für die gleiche Leistung gegeben wird.

## *Triebe zur Leistungsregulierung*

Wir haben bei den bisher beschriebenen zwanzig elementaren Triebkräften des Menschen, bzw. elementaren Funktionseinheiten, bereits einige kennengelernt, die ganz einfach nur einer bestimmten Aufgabe, wie z.B. der Durchsetzung eines von der Natur offensichtlich gewollten Ordnungsprinzips dienen sollen. Je mehr neue Triebe im Laufe der Entwicklungsgeschichte hinzukamen, desto schwieriger mußte es werden, die vielen Wünsche der einzelnen Triebe, die sich entgegenstehen konnten, zu koordinieren und zu einem vernünftigen Gesamtwollen und -verhalten zu steuern. Es mußten von der Natur einige Triebkräfte erfunden werden, diese vernünftige Zusammenarbeit zu ermöglichen.

**Die Vernunft oder**
**Der Zweckmäßigkeitstrieb**

*Aufgabe:*

Das Zweckmäßige suchen, wählen und tun zu lassen, das Unzweckmäßige nicht wählen und vermeiden zu lassen.

| *Unlust* | *Lust* |
|---|---|
| Gefühl der Unzweckmäßigkeit | Gefühl der Zweckmäßigkeit |
| *Signale* | *Signale* |
| Wahrnehmungen und Vorstellungen, die uns zeigen, daß etwas unzweckmäßig ist | Wahrnehmungen und Vorstellungen, die uns zeigen, daß etwas zweckmäßig ist |
| Werte und Worte unvernünftig, unzweckmäßig, sinnlos, zwecklos, unsinnig, dumm | Werte und Worte vernünftig, zweckmäßig, sinnvoll, klug |

Es war ein Wagnis, auch die Vernunft unter die elementaren FE und Triebe einzureihen, erschien doch gerade immer die Vernunft den Psychologen (nach Klages) als "Widersacher der Seele" oder als Geist, der etwas anderes als Seele ist. Wenn wir aber immer wieder erleben, wie unlustbetont wir deutlich Unzweckmäßiges erleben und wie sehr wir das Zweckmäßige als angenehm fühlen können; wenn wir weiter beobachten, daß wir von der Vernunft doch tatsächlich dazu getrieben werden, das Zweckmäßige zu tun und das Unzweckmäßige zu meiden; wenn wir dazu die Begriffe zweckmäßig und vernünftig als identisch ansehen, dann können wir erkennen, daß die Vernunft wirklich ein Zweckmäßigkeitstrieb ist, der das Unzweckmäßige nicht wählen und tun lassen und das Zweckmäßige suchen, wählen und tun lassen soll. Die Vernunft ist ein Trieb unserer oberen Aufsichtsbehörde. Wenn sich andere Triebe streiten, soll die Vernunft entscheiden, was sie für zweckmäßig hält. Die Vernunft hat aber nur ein gleichberechtigtes Mitspracherecht im Parlament der Triebe, keine Entscheidungsgewalt. Sind andere Triebe stärker, wird auch die Vernunft überstimmt. Ihr Motiv wird wie jedes andere in die Waagschale der Triebe und Gefühle gelegt und gewogen. Die Vernunft reagiert ebenso instinktiv wie andere Triebe auch. Der Verstand kombiniert, was zweckmäßig ist, bringt das Resultat als Vorstellung in das Bewußtsein. Dort wirkt es als Signal auf die Vernunft.

**Reue und Befriedigung**

*Aufgabe:*

Soll uns das nochmals tun lassen, was sich als von Vorteil erwies, und das vermeiden lassen, was von Nachteil war.

| *Unlust* | *Lust* |
|---|---|
| Reue | Befriedigung |
| *Signale* | *Signale* |
| Wahrnehmungen und Vorstellungen, die uns eigene Taten oder Unterlassungen zeigen, die von Nachteil oder "schlecht" für etwas waren. | Wahrnehmungen und Vorstellungen, die uns eigene Taten oder Unterlassungen zeigen, die von Vorteil oder "gut" für etwas waren |
| *Werte und Worte* | *Werte und Worte* |
| "verdammt, das habe ich vergessen", etwas versäumen, etwas Nachteiliges oder Schlechtes getan haben | befriedigt, ein Vorteil, etwas richtig gemacht haben |

Die Triebe unterscheiden sehr genau. Man könnte meinen, daß die Vernunft und dieser Trieb irgendwie identisch seien. Das sind sie nicht. Nur die Begriffe "zweckmäßig", "nützlich", "vorteilhaft", "vernünftig" haben eine gewisse Ähnlichkeit.
Aus diesem Grunde kann das Zweckmäßigkeitsgefühl der Vernunft mit dem Gefühl der Befriedigung zu einem Mischerlebnis werden. Doch die spezifischen Signale beider Triebe sind voneinander verschieden. Man muß den Wortlaut des Gesetzes wörtlich nehmen. Dann erkennt man auch den Unterschied. Wir sehen dann auch, wie exakt ein solches Gesetz formuliert werden muß.
Reue ist etwas anderes als das Unlustgefühl, das wir erleben, wenn wir etwas als unzweckmäßig erkennen. Reue erleben wir bei schlechten und nachteiligen eigenen Taten, die in der Vergangenheit liegen.

**Heiterkeit und Depression**

*Aufgabe:*

Wenn es aufwärtsgeht und wir eine große Wahrscheinlichkeit der Zielerreichung sehen, sollen wir schnell und munter vorwärtsschreiten. Wenn es abwärtsgeht und wir eine geringe Wahrscheinlichkeit der Zielerreichung sehen, soll unser Schritt gehemmt und gelähmt sein.

| *Unlust* | *Lust* |
| --- | --- |
| Gefühl der Depression und Trauer | Gefühl der Heiterkeit und des Fröhlichseins |
| *Signale* | *Signale* |
| Wahrnehmungen und Vorstellungen, die uns bedeuten, daß es abwärtsgeht, die Erfolgsaussichten und die Wahrscheinlichkeit der Wunscherfüllung klein sind oder kleiner werden, wir etwas verloren haben | Wahrnehmungen und Vorstellungen, die uns bedeuten, daß es aufwärtsgeht, die Erfolgsaussichten und die Wahrscheinlichkeit der Wunscherfüllung groß sind oder größer wurden, wir etwas gewonnen haben |
| *Werte und Worte* | *Werte und Worte* |
| Niedergeschlagenheit, wie gelähmt, Trauer, eine traurige Nachricht, ein Verlust, Todesfall eines Angehörigen, es geht abwärts, Pessimismus, schwarz sehen | Heiterkeit, Hoffnung, Hochstimmung, es geht aufwärts, große Erfolgsaussichten, ein Gewinn, munter, heiter, froh, rosig, Optimismus, Zuversicht |

Der Zweck dieser FE ergab sich logisch aus dem Mechanismus und dessen Wirkgesetz. Wenn wir sehen, daß es wieder aufwärtsgeht oder sich eine große Zukunftsaussicht öffnet, werden wir heiter und froh. Wir sind belebt. Die Bewegungen werden lebhaft und schneller. Wir sollen dahin, wo gute Aussichten auf einen Erfolg oder eine Wunscherfüllung sichtbar werden, schnell vorwärtsschreiten.
Sobald wir sehen, daß es in unserem Leben abwärtsgeht und die Wahrscheinlichkeit der Zielerreichung klein geworden ist, werden wir gelähmt. Wir sind wie "niedergeschlagen". Unsere Bewegungen sind gehemmt und langsam. Dahin, wo geringe Erfolgsaussichten bestehen, sollen wir nicht gehen. Daher werden wir davon abgehalten und abgebremst.
Alle Gefühle sind in ihrer materiellen Erscheinungsform wahrscheinlich die Speranskyschen Em-Hormone. Die Em-Hormone der Heiterkeit und der Depression können auch krankhaft, ohne spezifischen, psychischen Reiz entstehen und im Blut vorhanden sein. Das ist bei der Depression oder der Manie der Fall. Außerdem kann der Körper auch durch andere Einflüsse belebt werden, durch anregende Drogen, durch ein kaltes Bad, durch Bewegung und Gymnastik.
Es gibt drei Schichten: Körper, Seele, Geist. Dadurch kommen die folgenden körperlich-seelisch-geistigen Wechselwirkungen zustande:

1. Die Vorstellung einer großen Wahrscheinlichkeit eines Erfolges oder einer Wunscherfüllung ist auch das, was wir eine optimistische Vorstellung nennen. "Man sieht die Zukunft rosig" ist, exakter ausge-

drückt: "Man sieht eine große Wahrscheinlichkeit der Wunscherfüllung oder der Zielerreichung." Diese optimistische Vorstellung in der Geistschicht macht ein Gefühl der heiter machenden Hoffnung, hebt den Biotonus und belebt.

2. Ein krankhaft oder durch Veranlagung vorhandenes Em-Hormon der Heiterkeit (Manie) gibt, auch ohne psychische Ursache, ein Gefühl der Heiterkeit, das optimistische Vorstellungen erzeugt. Es macht optimistisch. Es erweckt Vorstellungen einer großen Wahrscheinlichkeit der Zielerreichung. Es läßt die Zukunft rosig sehen und denken, daß man gute Erfolgsaussichten hat. In der Körperschicht macht dieses Em-Hormon einen positiven Biotonus. Es erfrischt, belebt und beschleunigt die Bewegung. Es macht auch eine gute Durchblutung, macht durch die Belebung jünger und gesünder.
3. Wird der Körper belebt durch Kaffee, Anregungsdrogen, Gymnastik, Massage, eine kalte Dusche, durch eine Revitalisierung oder Regeneration, so wird man ebenfalls heiter und froh und kommt auf optimistische Gedanken. Man sieht die Welt rosiger als zuvor, sieht wieder eine Zukunft.
4. Wahrnehmungen und Vorstellungen einer geringen Wahrscheinlichkeit des Erfolges oder eines Verlustes sowie pessimistische Nachrichten und Gedanken in der Geistschicht machen im seelischen Bereich traurig-depressiv, im Körper senken sie den Biotonus, lähmen, hemmen, verlangsamen den Gedankengang und Schritt, schütten ein Depressions-Em-Hormon ins Blut, das durch Transfusion auf einen anderen Menschen übertragen, diesen ebenfalls traurig, nie-

dergeschlagen und pessimistisch macht, wie Versuche ergaben.

5. Krankhaft entstandene oder angeborene Depression macht traurig, pessimistisch und niedergeschlagen, älter und krank.
6. Wird der Körper gelähmt, das Gehirn durch Drogen gehemmt, krank oder alt, so macht das wieder in der Seele traurig-depressiv und in der geistigen Haltung pessimistisch.

Hoffnung ist das Lustgefühl mit der Vorstellung, daß die Aussicht auf Erfolg und Wunscherfüllung größer wird oder wurde. Wir fühlen Hoffnung, erwecken Hoffnung, hoffen.

Trauer ist Unlust, zusammen mit der Vorstellung des Verlustes und der Empfindung der Lähmung.

Eine Enttäuschung ist ein Umschlagen von Hoffnung in Depression durch eine Wahrnehmung, welche anzeigt, daß das, was man erhoffte, nicht mehr oder weniger erreichbar wird.

Trost spendet man, wenn man mit Worten Signale setzt, die einen Trauernden wieder hoffen lassen. Ein Trost ist eine Wahrnehmung oder Vorstellung, daß es wieder aufwärtsgeht oder das Abwärts oder der Verlust nicht so schlimm ist.

## Der ästethische Sinn oder der Schönheitstrieb

*Aufgabe:*

Soll das Vollkommene, Harmonische, Wohlgeordnete bewundern, fördern, nachahmen, vermehren, sich vermehrt fortpflanzen lassen. Soll den Menschen drängen, sich vom Unvollkommenen, Zerstörten abzuwenden, es nicht nachzuahmen, nicht zu vermehren oder fortzupflanzen. Der Mensch soll sich dem Schönen nähern und ihm dienen, sich vom Häßlichen entfernen und das Häßliche von sich entfernen.

| *Unlust* | *Lust* |
| --- | --- |
| Gefühl der Häßlichkeit | Gefühl der Schönheit |
| *Signale* | *Signale* |
| Wahrnehmungen und Vorstellungen von etwas Häßlichem, wozu das Mißgebildete, Unvollkommene, Zerstörte, Ungeordnete, Unharmonische gehören | Wahrnehmungen und Vorstellungen von vollendeten, gesunden Formen, Gestalten, Farben, Tönen und von solchen Dingen, die nach den Gesetzen der Harmonie gestaltet und geordnet wurden |
| *Werte und Worte* | *Werte und Worte* |
| häßlich, unordentlich, schlampig, mißgebildet, Scheusal, unästhetisch, schrill, disharmonisch | schön, Schönheit, harmonisch, geordnet, wohlgebildet, Harmonie, Akkord, Melodie |

Es ist nicht so, daß der Mensch mit seinem kritischen Verstand etwas als "schön" bezeichnet bzw. erschließt, und es dann schön findet. Das Schöne rührt ihn primär lustvoll an. Er erlebt zweifelsohne ein Gefühl. Ebenso ist es, wenn er Häßliches sieht. Es berührt ihn primär unlustvoll.

## *Kräfte und Gegenkräfte der Leistung*

Einige der elementaren Triebe sind vorwiegend zur Leistung geschaffen. Ich will sie und ihre Gegenspieler in einer eigenen Gruppe zusammenfassen. Die Erkenntnis ihrer Bestandteile und Gesetze macht eine neue Arbeits- und Leistungs-Psychologie möglich.

**Der Bewegungsdrang**

*Aufgabe:*

Soll allgemein, auch zur Entwicklung der Muskulatur und zum Training, zur Bewegung drängen.

| *Unlust* | *Lust* |
|---|---|
| Bewegungsdrang | Lustgefühl der Bewegung |
| *Signale* | *Signale* |
| Empfindungen, die ein zu langes Unbeweglichsein anzeigen | Empfindungen, die vor allem nach einer Zeit der Unbeweglichkeit von der Wiederbewegung begleitet sind |
| *Werte und Worte* | *Werte und Worte* |
| gefesselt, zur Unbeweglichkeit verdammt sein | Laufen, Springen, Hüpfen, Tanzen, Spazierengehen |

Den Bewegungsdrang sehen wir vor allem bei Kindern und bei jungen Tieren, weil sich hier die Muskeln besonders ausbilden und trainieren sollen.
Wer nicht an die Unlust des Bewegungsdranges glaubt, muß nur ein kleines Experiment machen, und er ist überzeugt, daß es da eine Unlust gibt. Ist er nicht gerade müde oder krank, so versuche er, sich völlig unbeweglich nur eine Stunde auf einen Stuhl zu setzen! Ohne ein Glied zu bewegen. Das wird ihm nach kurzer Zeit so unangenehm und zur Qual, daß er es kaum mehr aushalten kann. Also ist hier ein Unlustgefühl vorhanden. Und zwar ein eigenes elementares; denn es ist kein Schmerz und auch kein Neid und kein Schamgefühl.
Daß ein junges Pferd, das auf der Weide herumgaloppiert, Lust verspürt, wird man sich denken können, auch daß es dabei etwas anderes fühlt, als wenn es gerade Hafer frißt. Der Bewegungsdrang ist nicht direkt auf die Leistung gerichtet, zumal ja auch Tiere diesen Trieb besitzen. Doch er spielt bei der Leistung eine Rolle. Körperlichen Leistungen gibt er Kraft; Leistungen am Schreibtisch kann er behindern.

## Die Langeweile oder Der Tätigkeitstrieb

*Aufgabe:*

Soll den Menschen im Zustand des Nichtstuns durch ein quälendes Gefühl zu einer Tätigkeit drängen. Der Mensch soll die Welt bewegen und etwas leisten.

| *Unlust* | *Lust* |
| --- | --- |
| Langeweile | Kurzweil |
| *Signale* | *Signale* |
| Empfindungen, Wahrnehmungen und Vorstellungen, die uns zeigen, daß wir untätig sind, nichts oder zu wenig erleben, daß sich nichts oder zu wenig verändert, daß das Leben nicht so recht weitergeht | Wahrnehmungen und Vorstellungen, die uns zeigen, daß wir tätig sind, etwas erleben, daß das Leben weitergeht, Empfindungen, Wahrnehmungen und Vorstellungen, die eine Abwechslung zeigen |
| *Werte und Worte* | *Werte und Worte* |
| langweilig, eintönig, ohne jede Abwechslung, unausgefüllt, immer das gleiche, monoton | kurzweilig, abwechslungsreich,"da war was los", das ging flott voran" |

Wer hat die Langeweile noch nicht gefühlt? Wer aber hat sich schon überlegt, daß dieses Gefühl eine Zweck haben muß, so wie der Hunger einen Zweck hat?
Die Langeweile drängt zu Tätigkeit, zu einer Beschäftigung, zu Erleben, zu Abwechslung und Tapetenwechsel. Das Leben soll weitergehen. Die Langeweile ist nicht primär auf eine Leistung gerichtet; das ist der Leistungstrieb.
Die Arbeit kann die Langeweile beseitigen, und sie tut es in den meisten Fällen auch. Doch sie kann selbst auch langweilig sein, wenn sie zu eintönig ist und wenn sie zuwenig Abwechslung in das Leben bringt.
Auch das Erlebnis der Ungeduld ist das Gefühl der Langeweile, bei der Vorstellung, daß es nicht weitergeht. Dazu kann Ärger wegen einer Behinderung des eigenen Strebens kommen. Wir erleben dann eine ärgerliche Ungeduld.

**Der Leistungstrieb**

*Aufgabe:*

Soll zu besonderen Leistungen antreiben

| *Unlust* | *Lust* |
|---|---|
| Leistungsdrang | Freude an der eigenen Leistung |
| *Signale* | *Signale* |
| Wahrnehmungen und Vorstellungen des augenblicklichen Behindertseins an einer geplanten und vorgestellten eigenen Leistung | Wahrnehmungen und Vorstellungen einer eigenen Leistung |
| *Werte und Worte* | *Werte und Worte* |
| Schaffensdrang, unruhiger Geist, "ich muß es schaffen" | eine Leistung, eine große Erfindung, mein Werk, eine Tat |

Was ist es, was den Künstler und den Erfinder so intensiv drängt, sein geplantes Werk zu vollenden, so daß er viele Leiden, Hunger, Entbehrungen auf sich nimmt? Was drängt ihn so zu seiner Arbeit? Und was macht ihm so große Freude, wenn er an seinem Werk arbeiten kann? Zu einer Zeit, wo er nicht weiß, ob er einmal stolz auf seine Leistung sein darf. Auch hier haben wir einen elementaren Trieb vor uns.
Ein Leistungsanreiz ist stets, dem Arbeitenden zu zeigen, daß er etwas leistet und daß seine Leistung eine große Leistung ist. Je größer die Vorstellung von der eigenen Leistung, desto größer werden der Drang und die Verlockung, eine solche Leistung zu vollbringen. Erst recht dann, wenn der Geltungstrieb zusätzlich eingeschaltet wird.

**Die Müdigkeit oder
Der Ausruhtrieb**

Aufgabe:
Soll im Zustand der Erschöpfung zum Schlafen oder Ausruhen drängen.

| *Unlust* | *Lust* |
|---|---|
| Quälende Müdigkeit | Wohlige Müdigkeit |
| *Signale* | *Signale* |
| Empfindungen des Müdeseins, vor allem dann, wenn man im Zustand großer Müdigkeit daran gehindert ist, auszuruhen oder zu schlafen | Empfindungen, Wahrnehmungen und Vorstellungen, die uns zeigen, daß wir im Zustand der Müdigkeit ruhen und schlafen können |
| *Werte und Worte* | *Werte und Worte* |
| müde, schläfrig, übermüdet, Nacht durchmachen müssen, Augen fallen zu, todmüde | Ruhe, Schlaf |

Es gibt eine Foltermethode, die furchtbare Qualen verursacht, ohne direkten körperlichen Schmerz: Man läßt den Gefangenen nicht schlafen. Er erlebt die Unlust der Müdigkeit in stärkster Quantität. Also ein Gefühl. Daß die Müdigkeit auch angenehm erlebbar ist, weiß jeder Müde, der sich ausruhen kann und sich zum Schlaf zurechtlegt. Zwei polar entgegengesetzte Gefühle, ein sinnvoller Zweck, eine drängende Kraft, was kann das anderes sein als ein elementarer Trieb, eine eigene seelische Funktionseinheit!

Als sinnvoller elementarer Trieb wird diese Kraft, die aktiv etwas will, nicht als eine "Trägheit des Fleisches", wie die Schulpsychologie noch meint, zum Gegenspieler der Leistung. Eine eigene Triebkraft sorgt dafür, daß der notwendige Schlaf zur rechten Zeit herbeigeführt wird.

Es sind Empfindungen, welche von den ermüdeten Muskeln in das Bewußtsein gebracht werden, sowie auch Empfindungen des Versagens der Konzentrationskraft, und Empfindungen müder, ausgetrockneter Augen.

Es gibt auch noch einen Müdigkeitsreflex, der automatisch die Lider schließen will. Die Empfindung dieses Schwerwerdens der Lider ist wiederum ein Signal für das Gefühl der Müdigkeit. Auch dieser Reflex ist ein aktiver Reflex. Die Lider fallen nicht durch die Schwerkraft herunter, wie man meint. Sie schließen sich bei starker Müdigkeit auch dann, wenn der Kopf nach unten hängt und Schwerkraft und gelähmte Trägheit die Lider in dieser Lage eigentlich offenhalten müßten. Alles ist aktiv, zweckmäßig, von der Natur gewollt, ein Trieb. Erst der Tod schaltet diese aktiven Kräfte aus. Darum bleiben die Augen des Toten offen.

**Das Gefühl der Anstrengung oder Der Schontrieb**

*Aufgabe:*

Soll Überanstrengung verhindern und dafür sorgen, daß wir uns nur für Wichtiges sehr anstrengen und uns auf diese Weise schonen.

| *Unlust* | *Lust* |
|---|---|
| Gefühl der Anstrengung | Gefühl der Bequemlichkeit |
| *Signale* | *Signale* |
| Empfindungen bei starken Anstrengungen, bei gewissen Muskelspannungen, gewissen Zerrungen an Gelenkbändern. Empfindungen auch bei starker geistiger Anstrengung sowie in unbequemer Körperlage | Empfindungen beim Nachlassen einer Anstrengung und bei der Ruhe und Erholung sowie in bequemer Körperlage |
| *Werte und Worte* | *Werte und Worte* |
| Anstrengung, Last, belastend, unbequem, Schwerarbeit, schleppen | Erholung, Pause, Bequemlichkeit, leichte Arbeit, Erleichterung |

Das Gefühl der Anstrengung ist eine deutliche Unlust und etwas anderes als die Müdigkeit oder der Schmerz, wenngleich diese Gefühle in gewissen Situationen dem Unlusterlebnis beigemischt sein können. Dieses elementare Gefühl der Anstrengung wacht darüber, daß wir uns nicht überanstrengen. Je größer die körperliche oder geistige Belastung, desto stärker wird das Gefühl der Anstrengung. Im Zustand der Müdigkeit jedoch tritt es sinnvoll schon bei geringerer Belastung auf.
Das Gefühl der Anstrengung liegt mit seiner Stärke auf der Contraseite des Arbeitswillens. Was ist stärker? Welche Seite der Waage sinkt herab? Darauf allein kommt es an, ob das Gefühl der Anstrengung eine Arbeit oder eine Leistung einstellen oder gleich nicht beginnen läßt, oder ob es das nicht tut. Ein starkes Wollen vieler Triebe setzt sich auch noch bei einem starken Anstrengungsgefühl durch und wiegt es auf. Ein schwaches Wollen nicht mehr. Dadurch wird ein zweiter Zweck erreicht: Nur gewichtige Motive, die ein starkes Wollen aktivieren, lassen große Anstrengungen zu. So läßt dieser Trieb uns schonen und doch das Wichtigste tun. Das ist sein Zweck.
Die Schulpsychologie kennt nur die Trägheitstheorie. "Der Wille" strengt sich gegen die "Trägheit des Fleisches" an. Das wird unangenehm empfunden, sagt man. Ich aber sehe einen Zweck, sehe die Gefühlswaage der Motive und erkenne wieder einen aktiven Trieb, und in ihm den großen Antagonisten gegen die Arbeit. "Die Arbeit ist den meisten Menschen eine unangenehme Last, die große Strafe für die Erbsünde im Paradies, der Fluch, der auf der Menschheit lastet. Arbeit ist fast immer Unlust. Man arbeitet nur, weil man muß." Das ist die Meinung. Warum

die Arbeit Unlust ist und uns als Fluch und Strafe erscheint, darüber hat man noch nicht nachgedacht. Das erkannte erst die Elementar-Psychologie. Die elementare Unlust eines einzigen Triebes ist an allem schuld. Und dieser hat noch dazu einen Zweck und ist ein Trieb, den uns die Natur zu unserer Schonung gegeben hat und nicht zur Strafe.

**Der Wille - Überwindungstrieb - Wettkampftrieb**
*Aufgabe:*
Die Überwindung der Hindernisse und Gegner, der Gegner auch in unserer eigenen Psyche.

| *Unlust* | *Lust* |
|---|---|
| Noch namenlos, starkes Dranggefühl, "ich muß", "ich will", "Gefühl des Unterliegens" | Triumphgefühl |
| *Signale* | *Signale* |
| Empfindungen, Wahrnehmungen und Vorstellungen eines noch nicht überwundenen Gegners oder Hindernisses, auch des Noch-Unterliegens, sowie des Überwinden-Müssens der eigenen Gegentriebe und Schwächen | Empfindungen, Wahrnehmungen und Vorstellungen eines Wettkampfes, eines gelungenen Hindernis-Überwindens oder der Überwindung der eigenen Schwäche sowie eines Sieges, einer Selbstüberwindung, eines Rekordes |
| *Werte und Worte* | *Werte und Worte* |
| Unterlegenheit, Niederlage, Schwäche, "ich will", "ich muß", "jetzt erst recht" | Sieg, Triumph, Stärke, Selbstüberwindung, Wettbewerb, Kampfspiele, Rekord, Überlegenheit, Geschwindigkeitsrausch |

Das Triumphgefühl beim Sieg, bei der gelungenen Selbstüberwindung, auf dem Gipfel eines erkletterten Berges, im Geschwindigkeitsrausch oder wenn die eigene Fußballmannschaft ein Tor geschossen hat, ist oft mit dem Gefühl des Stolzes oder einem Machtgefühl vermischt, weil ein Sieg gleichzeitig eine Macht oder die Werterhöhung wahrnehmen oder sich vorstellen läßt, doch es ist ein anderes Gefühl, weil es auch allein als solches oder in anderen Mischungen erlebbar ist.
Das verbissene zähe Ringen um einen Sieg, die oft etwas krampfhafte Anstrengung, das "ich will aber" und "ich muß", zeigen die Züge der drängenden, quälenden Unlust eines Gefühles, das noch keinen Namen hat, aber auch Reflexe eines Kampfes aus der Urzeit, wie Zähneaufeinanderbeißen, Fäuste ballen. Das Wollen dieses Triebes ist das, was wir Willenskraft, Energie, Selbstüberwindung oder einfach "Wille" nennen.
Meist ist diese Willenskraft mit der Kraft der Vernunft gepaart. Und beide Kräfte zusammen werden zu dem "Willen", welcher dem "Wollen" der anderen Triebe gegenübersteht.

**Das Zufrieden-Unzufrieden-Sein**

*Aufgabe:*

Soll drängen, daß das gesteckte Ziel, das "Soll" erreicht, der Wunsch erfüllt wird.

*Unlust*

Gefühl der Unzufriedenheit

*Signale*

Wahrnehmungen und Vorstellungen, die uns zeigen, daß wir das nicht erreichen oder erreicht haben, was wir erreichen wollten; daß wir das Soll nicht erfüllten

*Werte und Worte*

unzufrieden, unzulänglich

*Lust*

Gefühl der Zufriedenheit

*Signale*

Wahrnehmungen und Vorstellungen, die uns zeigen, daß wir das gesteckte Ziel erreichen oder erreicht haben oder daß das Soll oder der Wunsch erfüllt wird oder erfüllt ist

*Werte und Worte*

zufrieden, zur Zufriedenheit ausgeführt, alle Wünsche sind erfüllt

Die Reaktionen der Unzufriedenheit und Zufriedenheit auf ihre elementaren spezifischen Signale sind so typisch und exakt, daß wir das beschriebene Funktionsgesetz in der Praxis sehr gut brauchen können, nämlich dann, wenn es gilt, diesen Trieb für irgend etwas einzusetzen, sei es zum Ansporn für eine Leistung, oder sei es, durch mehr Zufriedenheit den einzelnen oder eine Masse glücklicher zu machen. Auch diese Gefühle haben für unser Leben und unser Glück große Bedeutung. Daß die Natur für das "Soll-Erreichen" einen eigenen Trieb geschaffen hat, das zu wissen kann uns sehr nützlich sein. Haben wir das Gesetz der Unzufriedenheit-Zufriedenheit erkannt, können wir viele einfache Regeln folgern:

1. Unzufrieden ist, wer nicht erreicht, was er sich vorgenommen hat.
2. Zufrieden ist, wer erreicht, was ihm sein Soll war.
3. Steckt der Unzufriedene sein Ziel tiefer, so daß er es erreicht, wird er fortan zufriedener sein.
4. Zufrieden wird derjenige, dem man zeigt und den man davon überzeugt, daß sein Wunsch erfüllt wird oder ist.
5. Will man eine Leistung steigern, muß man zeigen, daß das Soll noch nicht erfüllt ist. Dann tritt auch dieser Trieb für die Leistung ein.

## Lern- und Orientierungstriebe

Einige Triebe dienen unserer Orientierung in der Welt. Sie dienen dem Lernen, dem Wissen und der Auffindung der Wahrheit.

Daß auch die Logik sich als ein elementarer Trieb entpuppt, das wirkt zuerst so überraschend wie die Eingliederung der Vernunft in die Reihe der Triebe. Doch die genaue Analyse bestätigt die Richtigkeit meiner Behauptung.

Wir finden Triebe, welche für den Geist etwas sammeln lassen, so wie der Nahrungstrieb für den Körper etwas sucht. Wir finden staunend, daß wir auch für das Wissen und für unsere Erkenntnis der Gesetze und Zusammenhänge sowie für das Erkennen der Wahrheit eigene elementare Triebe und Organe der Psyche erhalten haben.

## Die Neugierde oder Der Wissenstrieb

*Aufgabe:*

Soll der Orientierung in der Welt und dem Wissen dienen.

| *Unlust* | *Lust* |
|---|---|
| Neugierde, gespanntes Interesse | Gefühl des Staunens und der Sensationslust, Interesse beim Lesen und Lernen |
| *Signale* | *Signale* |
| Wahrnehmungen und Vorstellungen, die uns bedeuten, daß wir etwas uns wichtig Erscheinendes noch nicht wissen, daß es etwas unbekanntes Neues oder Unaufgeklärtes gibt | Wahrnehmungen und Vorstellungen eines neuen Wissens, einer Aufklärung, vor allem eines Erfahrens dessen, was wir wissen wollen |
| *Werte und Worte* | *Werte und Worte* |
| Neugierde, Wissensdrang, Erkenntnistrieb, Sensationsgier, ein Rätsel | Wissen, Sensation, Klatsch, Aufklärung, Nachricht, Interesse, Staunen, mit großem Interesse, "da staunst du" |

Die Neugierde dient der Orientierung, dem Wissen, der Erfahrung. Vor allem soll sie drängen, daß wir uns über das aufklären und uns darüber orientieren, was uns und unsere Triebe besonders berührt.
Das drängende Gefühl der Neugierde erhält die gesamte Zeitungs- und Zeitschriften-Industrie am Leben. Ohne dieses Gefühl würden die Verleger Pleite machen.
Das Gefühl der Neugierde und der zu ihr gehörige Wissenstrieb sind jedem Menschen gegeben. Bei dem einen ist dieser Trieb stärker, bei dem anderen schwächer. Was jedoch verschieden bei den einzelnen ist, das ist der "Geistbereich" dieses Triebes. Je nachdem, wonach einer neugierig ist und wofür er Interesse hat, nennt man seinen Trieb Neugierde, Sensationslust, Wissensdrang, Lerntrieb oder Erkenntnistrieb.

**Die Logik oder**
**Der Wahrheitstrieb**

*Aufgabe:*

Soll das Wahre vom Unwahren, das Richtige vom Unrichtigen, das Wirkliche vom Unwirklichen, das Echte vom Falschen trennen, das erstere suchen und aufnehmen, das letztere meiden und ablehnen lassen.

| *Unlust* | *Lust* |
|---|---|
| Noch namenlos, Widerspruchsgefühl und Gefühl des Zweifelns | Noch namenlos, Schlußgefühl und Übereinstimmungsgefühl |
| *Signale* | *Signale* |
| sich widersprechende Wahrnehmungen und Vorstellungen | sich bestätigende Wahrnehmungen und Vorstellungen |
| *Werte und Worte* | *Werte und Worte* |
| ein Widerspruch, Zweifel, unlogisch, unwahr, Lüge, falsch, Falschheit, Irrtum, unecht, es bleibt ein Rätsel, die Rechnung geht nicht auf, Fehler, ein Wahn | logisch, Wahrheit, wahr, echt, logischer Schluß, kombinieren, erschließen, erfinden, entdecken, einen Irrtum aufdecken |

Während der Wissenstrieb mit dem Gefühl der Neugierde Erfahrungen und Wissen an sich sammelt, ist die FE Logik als ein eigenes Organ dazu da, das Wahre zu finden und das Wahre vom Falschen zu trennen.

Wir erfahren auch Lügen und Irrtümer. Es war daher nötig, daß die Natur eine eigene Triebkraft schuf, welches das Wahre vom Falschen trennen will. Ohne dieses Organ wären wir beständig erheblich falsch orientiert, würden irren und uns verirren und aus falschem Wissen heraus Falsches tun. Logik und Vernunft lassen uns das Richtige und Zweckmäßige wählen.

So wie unser ästhetischer Sinn oder Schönheitstrieb die Schönheit elementargefühlsmäßig erlebt, so erlebt die Logik einen Widerspruch zuerst elementargefühlsmäßig am Widerspruchsgefühl. Das geht schnell. Zwei im Bewußtsein auftauchende sich widersprechende Vorstellungen lösen automatisch das unlustvoll erlebte Widerspruchsgefühl oder Gefühl des Zweifels aus. Der Verstand braucht viel länger, einen Widerspruch zu entdecken. Seine Arbeitszeit könnte man kaum jemals abwarten. Wieder drängt sich uns der Vergleich mit dem zweiten Nahrungstrieb auf. Er fühlt sofort, was eßbar ist. Die chemische Analyse der Nahrung würde erheblich länger dauern. Das sind eben unsere Gefühlsautomatismen, die so erstaunlich sinnvoll und rationell arbeiten.

Das Widerspruchsgefühl oder Zweifelgefühl zeigt uns nicht nur einen Widerspruch an, sondern quält uns, bis wir ihn aufdecken, auflösen und damit die Wahrheit finden. Es quält und drängt uns und zeigt damit eindeutig den Charakter eines Unlustgefühles und Triebes. Das positive Lustgefühl erleben wir, wenn ein "Schluß" vollzogen, eine Übereinstimmung erzielt, etwas kombiniert, entdeckt, erfunden, gefunden, wiedererkannt wurde. Stets spielen hier zwei Wahrnehmungen und Vorstellungen mit, welche übereinstimmen bzw. sich bestätigen müssen.

Der Rätselrater kultiviert dieses Lustgefühl. Das Rätsel zeigt das Unbekannte, das, was noch einen Widerspruch in sich birgt. Die Lösung des Rätsels bringt die Lust. Ein nettes Spiel zur Befriedigung und Übung unseres Logik-Organs.

Schon beim kleinen Kind sehen wir ein Aufleuchten der Augen, wenn es das Verlorene wiederfindet. "Guck, guck, da..." Oder wenn es einen Menschen oder ein Tier wiedererkennt oder im Bilderbuch die Übereinstimmung zwischen einem Tierbild und dem gefundenen richtigen Namen des Tieres vollzogen hat. Ich glaube, das sind schon die Gefühle der Logik. Daß hier, wie auch beim Rätselraten, beim Entdecken und Erfinden noch andere Gefühle mitwirken, ist selbstverständlich. So die Neugierde, das Staunen und der Stolz, daß man so klug war, die Lösung zu finden. Diese Gefühle sind aber etwas grundsätzlich anderes als die elementaren Gefühle der Logik.

Es folgt nun ein Trieb, der mit der Neugierde innerhalb der menschlichen Gesellschaft in einer Art Symbiose lebt, weil der eine den anderen nährt und erfreut.

**Der Mitteilungsdrang**

Aufgabe:
Soll uns drängen, anderen das mitzuteilen, was wir Neues wissen.

| *Unlust* | *Lust* |
|---|---|
| Noch namenlos, Gefühl, wenn man etwas weiß, das man mitteilen will, und dies noch nicht kann, Mitteilungsdrang | Noch namenlos, Gefühl beim Erzählen eigener Neuigkeiten, Mitteilungsfreude |
| *Signale* | *Signale* |
| Wahrnehmungen und Vorstellungen von etwas Neuem, das ein anderer noch nicht weiß, sowie von etwas, das wir besser als ein anderer wissen | Wahrnehmungen und Vorstellungen vom Mitteilen unserer eigenen Neuigkeiten, insbesondere dessen, was uns selbst stark berührt, sowie vom Überzeugen eines anderen von unserem eigenen besseren Wissen |
| *Werte und Worte* | *Werte und Worte* |
| ich muß das erzählen, ich habe eine Neuigkeit, ich weiß es besser, ich kann es nicht bei mir behalten, Klatschsucht | ich kann dir etwas Tolles mitteilen, erzählen, plaudern, ratschen, klatschen, sich unterhalten |

Viele haben in einer Gesellschaft, zu der sie eingeladen waren, sich dann am wohlsten gefühlt, wenn sie sich selbst einmal so richtig aussprechen konnten. Also muß es ein besonderes Lustgefühl beim Sichaussprechen geben. Dieses Gefühl hat, wie viele Gefühle, noch keinen Namen erhalten. Ebenso das beunruhigende, quälende, drängende Gefühl, das uns ergreift, wenn wir eine große Neuigkeit wissen, die wir einem anderen mitteilen möchten, aber noch nicht mitteilen können. Wir erleben es z.B. auch dann, wenn wir ein Geheimnis hüten sollen, dabei einem anderen nicht das erzählen dürfen, was gerade für ihn oder überhaupt eine große Neuigkeit wäre, oder was uns selbst stark bewegt und wir deshalb mitteilen möchten. Der Wissenstrieb und der Mitteilungstrieb ergänzen sich beide wunderbar. Der eine will erzählen, der andere hören. Jeder schenkt dem anderen zugleich eine Lust. Ein herrliches Zusammenspiel zweier Triebe, eine typische Symbiose im psychischen Bereich, wie bei der Liebe.

**Der Nachahmungstrieb**

*Aufgabe:*

Soll durch Nachahmung Fähigkeiten erlernen und das Bewährte tun lassen.

| *Unlust* | *Lust* |
| --- | --- |
| Noch namenlos, Dranggefühl | Noch namenloses Lustgefühl |
| *Signale* | *Signale* |
| Wahrnehmungen und Vorstellungen gewisser zur Nachahmung reizender Taten | Wahrnehmungen und Vorstellungen der Nachahmung und Gleichschaltung mit den Taten anderer |
| *Werte und Worte* | *Werte und Worte* |
| "ich auch" | Gleichklang, Mode, Zeitgeist, Trend |

Auch der Nachahmungstrieb hat eine enorme Bedeutung für den Einzelmenschen, die menschliche Gesellschaft und für unsere Wirtschaft. Der Nachahmungstrieb läßt das junge Tier und das Kind die meisten Bewegungen und Verhaltensweisen durch Nachahmung der Eltern erlernen. Er bringt die Menschen einer Gesellschaft zum Gleichschritt. Wenn jeder etwas anderes täte, wäre eine Ordnung unmöglich. Die Nachahmung sorgt für einen harmonischen Gleichklang. Mode und Geschmack sind dem Nachahmungstrieb unterworfen oder unterwerfen sich diesem.

Wir finden wieder ein sinnvolles Zusammenspiel einiger FE. Der Nachahmungstrieb auf der einen und der ästhetische Trieb (Schönheitstrieb) sowie der Trieb, welcher das Gefühl der Achtung erleben läßt, auf der anderen Seite ergänzen und regulieren sich. Man ahmt instinktiv eher das nach, was man bei einer "Autorität" sieht, die man achtet, und eher das, was man als schön fühlt, als das, was ein Verachteter tut oder was man als häßlich fühlt. Allerdings gibt es auch Ausnahmen. Und gerade jetzt scheint es eine zur Nachahmung drängende Mode zu sein, Häßliches und Minderwertiges zu wählen und nachzuahmen, weil man damit seine Freiheit demonstrieren möchte und nichts Besseres zu dieser Demonstration weiß.

*Die animalischen Triebe*

Einige Triebe sind für die Psychologie so unbedeutend und auch so wenig eigentlich psychisch, daß ich sie nicht als eigene Elemente beschreiben will, obwohl sie alle auch elementare Triebe sind und im "Parlament der Triebe" bei der Tatmotivation volles Mitspracherecht haben. Sie sind für körperliche Bedürfnisse da, welche zum Leben auch befriedigt werden müssen und welche zeitweise ein bewußtes Mittun des ganzen Menschen erfordern. Deshalb blieb der Natur nichts anderes übrig, als ihnen ebenfalls Gefühle und Mitspracherecht zu geben, während die meisten körperlichen Funktionen voll unterbewußt bleiben.

Es ist höchst sinnvoll eingerichtet, daß wir bzw. unser Bewußtsein nicht von den Körperfunktionen belästigt werden, denn das bewußte Ich hat Besseres zu tun und muß für das Wichtige freigehalten werden. Deshalb machen sich diese Funktionen nur da bemerkbar, wo es nötig ist, daß wir handeln, uns fortbewegen, wo hingehen, z.B. auf die Toilette.

Unter die animalischen Triebe hätte ich auch den Nahrungstrieb, den Durst, den Schmerz, den Ekel und den Bewegungsdrang einreihen können, um hier alle Triebe zusammenzufassen, welche auch den Tieren gegeben sind.

Da diese Triebe jedoch für das Verhalten der Menschen, für die Wirtschaft, eine Werbe-, Leistungs- oder politische Psychologie von großer Bedeutung sind, habe ich diese als eigene Organe der Psyche beschrieben, während ich die folgenden zusammenfasse, weil sie für weitere Erörterungen zu unbedeutend sind. Außerdem ist der Zweck so

offensichtlich, daß er nicht beschrieben werden muß.
Hier wissen wir die Zwecke. Zu was uns der Ärger, die Achtung, das Triumphgefühl, der Neid gegeben worden sind, das mußte ich erklären, weil es bislang unbekannt war.
Mit der Beschreibung der animalischen FE ist der Kreis der Triebe geschlossen.

Wenn auch das Atmen zumeist unterbewußt abläuft, so können wir auch bewußt atmen und in Situationen geraten, wo wir keine Luft bekommen. Deshalb besitzen wir den Atemdrang, eine Unlust und Qual, wenn wir bewußt für mehr Luft sorgen müssen.

Der Urindrang. Die quälende Unlust und die befreiende Lust kennt jeder. Dieser Trieb kann zeitweise das ganze Denken, Wollen und Tun beherrschen. Wir kennen auch eine erlösende Lust.

Mit dem Stuhldrang ist es dasselbe. Die Gefühle sind anders, doch stets mit den Signalen so gemischt, daß sie nur als Gefühlempfindung bekannt sind.

Der Juckdrang kann uns sehr quälen. Diese Unlust wurde sogar schon zur Folter benutzt. Wenn es juckt, weil Ungeziefer auf unserer Haut ist, sollen wir etwas tun, nämlich uns kratzen, um es zu entfernen. Also mußte auch hier das Bewußtsein eingeschaltet werden. Es gibt Menschen, die beim Kratzen Freude erleben.

Der Erwärmungstrieb. Empfindungen einer Unterkühlung machen eine Unlust des Frierens, das uns in die

Wärme oder zum Erwärmen treibt. In der wiedererlangten Wärme erleben wir das Lustgefühl der "wohligen Wärme". Es gehört bei manchen zur wichtigsten Urlaubsfreude, das Wohlgefühl in der wärmenden Sonne.

Der Abkühlungstrieb. Empfindungen einer Überwärmung lösen ein unangenehmes Hitzegefühl aus. Die Abkühlung in der Hitze beschert uns die Lust der "wohligen Kühle".

Das Gefühl der Übelkeit. Es soll uns drängen, den Magen zu entleeren, wenn er Gift oder sonst Ungenießbares oder Krankmachendes enthält.

Das Krankheitsgefühl. Eine Unlust, die keines der anderen Unlustgefühle ist, soll uns zwingen, uns bei einer Krankheit niederzulegen und nichts zu tun. Die Unlust läßt allem Tatwollen "widerstreben", falls dieses nicht noch gewichtiger als diese Unlust ist.

**FORUM 2001**

INTERDISZIPLINÄRE FORSCHUNG FÜR GANZHEITLICHES WOHLBEFINDEN

HEILENDE MOLEKÜLE

Dr. med. Matschurat

FORUM 2001 bringt Themen zur ganzheitlichen Auseinandersetzung mit zentralen Gegenwarts- und Zukunftsfragen. Der Schwerpunkt liegt auf Beiträgen, die humanwissenschaftlicher Kritik standhalten, für die Praxis genützt werden können und allgemeinverständlich aufbereitet sind. Die Leser sind zu aktiver Mitwirkung eingeladen. Sie können ihre eigenen Erfahrungen in Leserbriefen mitteilen. FORUM 2001 will damit den Dialog zwischen Forschern und Praktikern fördern. Im Umgang mit der ständig wachsenden Informationsflut bietet das Forum handfeste Orientierungshilfen.

Herausgeber ist die *Gesellschaft zur Förderung des ganzheitlichen Wohlbefindens.*

0-Nummer erhältlich *kostenlos gegen Porto-Ersatz.*

## *Weitere Titel in Vorbereitung:*

### DER NEUE SOZIALISMUS

Ein Forum zur Vorstellung sozialer Programme und Ideen

### GEWINN MIT SINN

Wie gelingt kreative Teamarbeit? - Ein Zugang zu ganzheitlich orientiertem Problemlösen.
Handfeste Tips, nicht nur für Führungskräfte.

### TOP-SEMINARE FÜR MANAGER

Die besten Erfolgs-Methoden im Test.

## *Ganzheitliches Wohlbefinden für eine gesunde Zukunft*

### Wir sind:

eine als gemeinnützig anerkannte Gesellschaft von Praktikern und Wissenschaftlern verschiedener Fachdisziplinen wie Psychologie, Medizin, Biologie, Soziologie, Pädagogik und Philosophie.

### Wir wollen:

das körperliche, seelische, geistige und soziale Wohlbefinden, das nach der Definition der Weltgesundheitsorganisation zur vollen Gesundheit gehört, fördern. Im Sinne einer ganzheitlichen Betrachtungsweise liegt unser Hauptaugenmerk auf der interdisziplinären Zusammenarbeit.

### Wir bieten:

Informationen über einschlägige Forschungsergebnisse und Praxishilfen, z.B. durch Seminare, Vorträge und Symposien,
Vermittlung einschlägiger Manuskripte an Fachverlage oder sonstige Medienträger,
Herausgabe der Zeitschrift “Forum 2001", die Raum für den fachübergreifenden Dialog bietet.

### Wir suchen:

Menschen, die eine gesunde Zukunft mitgestalten wollen, insbesondere Humanwissenschaftler, Unternehmer, Journalisten, Politiker, die unsere gemeinnützigen Ziele finanziell und/oder durch Mitarbeit unterstützen mögen.

## Werden auch Sie Mitglied

☐ Ja, ich möchte gerne Mitglied werden und beantrage hiermit die Mitgliedschaft. Der Mitgliedsbeitrag beträgt im Jahr DM 96,00, die einmalige Aufnahmegebühr DM 100,-. Für meinen Beitrag bekomme ich laufend interessante Information und die Zeitschrift FORUM 2001 zugeschickt.

☐ Ich interessiere mich für Ihre Arbeit. Bitte senden Sie mir weitere Informationen. Einen frankierten Rückumschlag (DM 1,80) lege ich bei.

☐ Ich möchte die Arbeit der Gesellschaft, die steuerbegünstigte, gemeinnützige Zwecke durch Förderung der Wissenschaft und der öffentlichen Gesundheitspflege verfolgt, gerne durch eine Spende unterstützen. Ich überweise daher DM ....... auf das Konto 4320228366 der Hypo-Bank, München (BLZ 70020001). Eine Spendenbescheinigung erhalte ich umgehend.

Meine Adresse: ______________________________

______________________________

______________________________

GESELLSCHAFT
ZUR FÖRDERUNG DES
GANZHEITLICHEN WOHLBEFINDENS

POSTFACH 22 12 37 8000 MÜNCHEN 22